完全定本《かんぜんていほん》

易占大全《えきせんたいぜん》

I CHING DIVINATION for FENG SHUI and DESTINY

盧恒立（レイモンド・ロー）◎著　山道帰一◎監訳　島内大乾◎訳

河出書房新社

完全定本　易占大全

謝辞

この本は最初に、風水実践トレーニングプログラムのための参考テキストとして編纂されました。風水実践トレーニングプログラムは、中華超心理学における包括的で高い基準の教育を提供するためにつくられたものです。しかしながら、講義ノートを書いている過程で、この題目の中に含まれる、驚くべき知性と論理に私は刺激を受け、この知識の宝庫ともいうべきものを一般の方々も利用できるようにしようという、強い衝動に駆られました。

そのため、私はできるだけ平易な言葉で、この易占という題目を提供しようとついに決意を固めました。できるだけ専門用語を使わずに解説することを心がけたので、中華超心理学についてのバックグラウンドがない読者も、この本を理解することができるでしょう。とても複雑な題目でしたので、私は原稿を完成させるのに約二年を費やしました。その間、私の友人や家族の支えがなくては不可能だったでしょう。

最初に私は師である、孫大川老師に感謝の意を述べたいと思います。彼は中華超心理学の神秘を解明する認識と論理を私に教えてくれました。そして、私に風水・四柱推命・易占は迷信ではないことを心から納得させてくれたのも老師であります。

この本の中で使われている多くの例題はとても興味深い例証で、私が生徒と共に授業で扱ったものがほとんどであります。それゆえ私の愛すべき生徒たちにも感謝の意を述べたいと思います。特にケリー・ジョーン、ジョージア・キアフィ、ジュリアナ・アブラムたちには、彼らの私の教育に対する信頼とサポートのために、特別な歓迎と愛情を感じます。いくつかの例題は彼らとの実践から集められたものです。

また、私の家族である妻のモーリーンと息子のジャスティンにも謝意を表します。彼らは私を強く支えてくれ、私の普通ではない職業性に納得してくれており、非常に感謝しております。

そして世界中のすべての読者の方々にも感謝しております。私の前著は読者の皆さんが成功に導いてくれました。読者の激励がこの仕事を完成させる原動力になったといえます。

盧恆立（レイモンド・ロー）

前文

『易経《えききょう》』もしくは「変化の書」は人類史上最も重要な文化的財産の一つとして高く評価されています。本書については少し紹介が必要でしょう。というのも多くの他言語に翻訳された、最初の中華超心理学の題目であるからです。西洋の人々は、風水や四柱推命を知るよりも早く、易経の八卦《はっか》や六十四卦に出会っているのです。

しかしながら、『易経』の題目には少し混乱があります。易は本来、八卦や六十四卦のシステムを使った占術です。八卦は紀元前三〇〇〇年に生きていた伏羲《ふっき》によって発明されました。しかし、彼は著述をなにも残していません。

今日において『易経』に関する書物は、英語、ドイツ語、もしくは他の外国語にたくさん見ることができます。これらはすべて、周王朝の基礎を築いた文王と、孔子が残したものを基礎としています。

文王は支配者であり、孔子は学者です。そのため彼らの書物はより政治的、道徳的、そして哲学的でありますす。創始者ともいえる伏羲が生きた紀元前三〇〇〇年と、紀元前一〇〇〇年あたりに生きた文王とでは、時間的に大きなギャップが存在します。それゆえ、文王の書が伏羲の元々の精神と意図を忠実に反映しているかどうかは疑わしいといえるわけです。

易は予測と占いのシステムの一つです。人々はこのことに気づき、彼らは文王と孔子によって編纂された

「変化の書」が予測と占いの目的の道具の一つであると考えました。事実、中国、台湾、香港の占術家は『易経』を占いのためにも使います。

しかし彼らはまったく異なるシステムを持ち合わせています。それらのシステムはより精密で正確です。そのシステムには『易経』の六十四卦が応用されていますが、文王や孔子が編纂した「変化の書」とはまったく関連性がありません。この正真正銘の占術としての易のシステムは西洋には知られていないようでした。というのも、不幸なことに、私は他言語でこのシステムについて書かれたものを見つけることができなかったからです。

二つの種類の易を区別するために、私は文王が書いた「変化の書」を〝学問的な『易経』〟とし、中国の占術で広く普及しているシステムを、〝占術のための易（易占）〟とします。後者は漢王朝時代の京房によって知れわたり、文王に惜しみなく貢献しました。それゆえ中国の人々はこの占術としての易システムを〝文王卦〟とも呼びます。しかし欧米の書店でよくみかけられる〝易経〟とは関係がありません。

本書が実用的な占術としての易を英語に翻訳して紹介する、たぶん最初の試みになるかと思います。もし皆さんが中華超心理学に魅了されるならば、もしくは、風水・四柱推命に熱心ならば、さらに易占に興味があるならば、本書を勧めることができるでしょう。本書は中国語以外の言語では包括的に書かれたことがない、易占というとても力を持ったシステムの一つを教えてくれるからです。

易占は、中華超心理学の中では崇高な題目で高い敬意を払われています。風水や四柱推命にも深い影響を与え、皆さんの心の中にある疑念や疑問を明らかにするための、とても正確で詳細な答えを与えてくれるでしょう。まさに読者は本書の中で明らかにされている易占の力に確実に驚くことでしょう。

易は非常に役立つ中華形而上学の一つです。この本を出版して以来、私自身、さらに易への探求を深めることができました。と言うのも、この本を活用し、生活に活かそうとする人たちから多くの反響があり、そして易を通じて判明する事実・情報がフィードバックされたからです。

この本に出てくる多くのケースは、私が易の講座をしているとき、リアルタイムに生徒たちからの質問によって生まれてきたものです。そのときちょうど起きた社会での出来事の結末を、リアルタイムに易で見つめていく試みだったと言っていいでしょう。

本書の新装版に伴い新たに加えた二つのケースである、「ボストンマラソン爆弾事件の犯人」「コピアポ鉱山落盤事故～二か月以内に鉱夫たちは救出されるか？」も、そうやって生まれてきたものです。

この本に多くの日本の読者が興味を持ち、そして新装版として再び手にとってもらえることをうれしく思います。本書が皆さんの探求のニーズを満たす、よき道標になることを願っております。

盧恆立

２０１５年12月９日

完全定本　易占大全——目次

易占概説

近年、風水や四柱推命のような中華超心理学の題目は世界的な注目を浴びています。しかし、いにしえの中華超心理学の中には輝く宝ともいえる題目が数々ありますが、風水はそれらを代表するものではまったくありません。

もし読者の皆さんが風水や四柱推命の深遠なシステムに魅了されるならば、「易占」または「断易」「五行易」と呼ばれる、さらに重要な題目の探求にも興味が湧くはずです。

『易経』――「変化の書」と翻訳されることがしばしばですが――は八卦と六十四卦（六爻卦《ろっこうけ》）と呼ばれる一連の象徴記号を基礎としています。これらは直線と破線によって成り立ち、宇宙の陰陽の概念を反映しています。古代の歴史によるとこれらは伏羲という聖人によって発明された記号です。彼は三〇〇〇年以上前の人であり、記録には伏羲が天と地、その他の自然現象を観察したという記載があります。彼はその観察から自然の力を表現し、解釈するためにこれらの記号を発明しました。

最初に、八つの記号である八卦がありました。八卦は人間によって観察される八つの主要な自然現象を表します。つまり、天、地、火、水、山、沢、雷、風です。後にこれら八卦は、もう一つの八卦をさらに上に足すことにより六十四卦（六爻卦）へと発展しました。

それゆえ六十四卦はさまざまな情報と意味を含みます。この記号配置の優れた点は構造がとても単純でありながら、宇宙の陰陽二元論の基本を具体化していることです。そのため、六十四卦のシステムは哲学的な内容も豊富で、古代から占術の道具として採用されてきました。

『易経』の題目は、西洋世界では目新しいものではありません。『易経』は多くの他言語に翻訳された最初の中華超心理学に関する文献です。しかし、ここでその誤解のいくつかを説明する必要があります。書店で見る『易経』の関連本の多くは周朝の王であった文王と、中国の有名な儒教の祖である孔子によって完成された「変化の書」のみに言及しています。

これら二人の著者は伏義のおよそ三〇〇〇年後の時代に生きた人たちです。それゆえ、彼らの主観的な六十四卦の解釈は伏義の元々の意図を代弁しているとは限りません。さらに二人の本職は占術家ではありませんでした。彼らは政治家であり、学者であります。彼らの『易経』が学問、そして哲学寄りであることが容易に想像されるでしょう。元々の目的である占いと予測のためというより、イデオロギーの道具としての傾向が『易経』にはあります。

しかしながら、文王や孔子によって編纂された易の書が、英語、ドイツ語そして他の言語に訳された唯一のものであります。それゆえ、西洋の人は『易経』を易占の唯一の方法であると考えていました。純粋に予測のための易の使用法の実用的かつシステム化された技術の存在を知る人は少なかったのです。私たちはこの予測のための技術を、文王の学問的『易経』と区別するために「占術のための易（易占）」または、「断易」「五行易」と呼びます。

易占は基本的に質問をし、答えを得る技術です。質問を心に思い浮かべたあとの最初のステップは、三つのコインを六回投げ、六十四卦の六つの爻（線）を得ることです。次に投げたコインから得られた六十四卦の意味を解釈します。慣れない人たちは文王と孔子の『易経』の中から、当てはまる六十四卦を探し、その解説（卦辞《けじ》・爻辞《こうじ》）を読んで参考にします。

卦辞‥八卦の組み合わせによってできる六十四卦の図象と、その意味について記述したもの。
爻辞‥それぞれの卦を構成している六本の爻位の意味を説明する三百八十四の爻辞。

これらの解説はとても古く、一般的で、抽象的であるため、三〇〇〇年も前の戦国時代の話と現在の状況をそのまま結びつけることは難しいといえます。そのように卦辞・爻辞を読んで出される答えは明確でなく、決定的とはいえません。

香港、中国、台湾の占術家は、文王や孔子の易経をめったに参照しません。彼らは六十四卦を解釈する異なる方法を用います。このシステムは六十四卦の六爻を五つのカテゴリーに分類し、「六親《りくしん》（五神《ごしん》）」と呼びます。

つまり、才、父、兄、官、子（財、印、比肩、官、食神）、もしくは五つの種類の人々、妻財、父母、兄弟、官鬼、子孫に分けます。それゆえ、知りたいと思われる適切な箇所に簡単に焦点を当てることができ、質問の明確な答えを引き出すことができます。

誰がジョンベネを殺したのか？

この興味深いシステムを実際に紹介するために、まずはある例題を見てみましょう。質問は、「誰がジョンベネを殺したのか？」です。

易占の方法を使うために、三つの金属のコインを六回振り、六十四卦を構成する六つの爻（線）を手に入れます。三つのコインを振ると四つの結果が出る可能性があります。※ここでは易占（断易）の概要を説明するので、わからないことがあってもページを読み進めてくださって結構です。

1　一つ表が出た場合は、陽爻《ようこう》
2　二つ表が出た場合は、陰爻《いんこう》
3　すべて表の場合は、陽の爻が陰の爻に変わる（動爻）
4　すべて裏の場合は、陰の爻が陽の爻に変わる（動爻）

このコインを投げる段階が終わると、六十四卦が陽爻と陰爻、そして活動を表す動爻《どうこう》によって表されます。『易経』の本を見て意味を見つける代わりに、五行、六親（五神）、六獣を割り当てる行程と、どのように易占を解釈するか本書から学びます。

次は例題である「誰がジョンベネを殺したのか？」に関連するすべての要素が割り当てられた六十四卦です。

質問：誰がジョンベネを殺したのか？

月：水　日：水

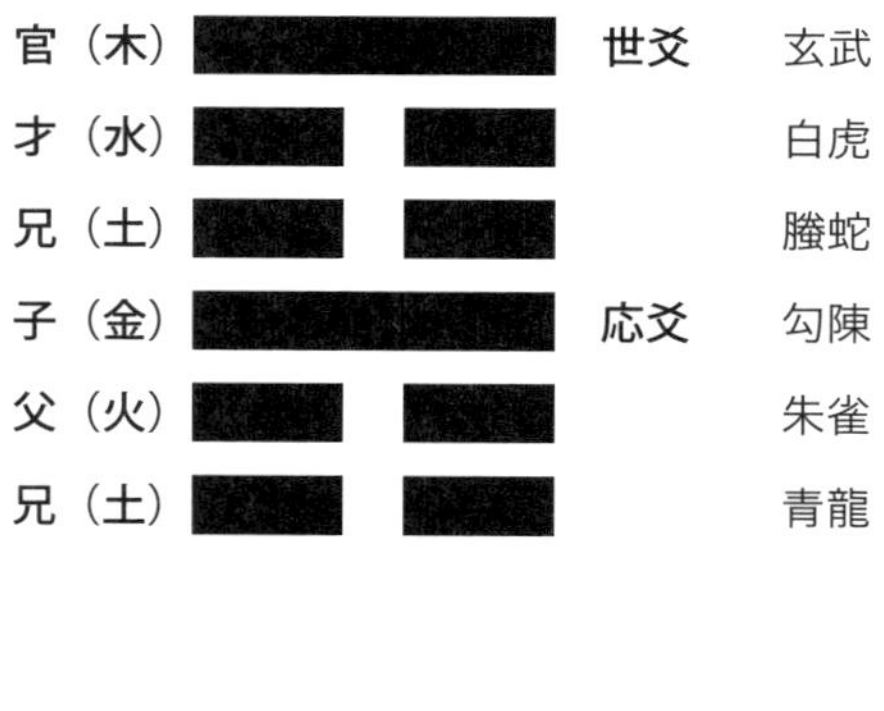

宮：艮（山）　宮卦の五行：土
得卦：艮（艮為山）

ジョンベネ・ラムジーはコロラド州ボウルダーに住んでいた少女で一九九六年一二月二六日のボクシング・デーに家の地下室から遺体で発見されました。この殺人事件は今日においても未だ解決されておらず、彼女の両親や兄弟までもが容疑者として扱われることがありました。

この易占の目的は誰がジョンベネを殺した可能性が高いかのヒントを見つけることです。どのように答えを導き出すかを知るためには、六爻卦（六十四卦）を解釈すると良いでしょう。最初のステップは、私たちの焦点は何かを定めることです。六爻卦の中には通常二つの焦点を当てる領域があります。一つめは調べる対象となる人の種類の問題です。私たちの例題では子どもです。それは下から三番目の爻（三爻）にある「子」として割り振られた爻で金の五行に当たります。二つめの重要な領域は活動を表す爻（動爻）で、質問に関係する活動の領域を明らかにします。例題の六爻卦の中では一番上の爻（上爻）が動爻となっています。この爻は官を表し、木の五行に当たります。

これら二つの爻を考察することで、私たちは六爻卦からメッセージを得ることができます。官の爻は破壊や殺人者を意味しますが、これは動爻であり金の五行の三爻と相剋の関係です。これは殺害の行動を示します。木の官の爻は動爻で金の五行に変化します。これは「子」つまり子どもを意味します。そして金が木を剋すため、その子どもが抵抗している状況にあることを示します。

この抵抗は成功するでしょうか。五行の強さを解釈するとき、易占の時期の一番強い五行を決め、季節の影響を確認する必要があります。この例題において、易占を行ったのは一九九九年一一月でした。水の月であり水の日でありました。水は木を生じ、金をサポートしません。そのように、木の五行の殺人犯は金の子どもよりも強いでしょう。

そのため、ジョンベネは殺されてしまいました。

それでは誰が彼女を殺したのでしょうか？

六爻卦の中には一つの官の爻しか見えません。「父」を示す爻は両親を象徴し、「兄」を示す爻は兄弟を象徴し、静かで不活発です。ここには、家族のメンバーがジョンベネ殺害に関わったという証拠がありません。それゆえ殺人犯は外からの侵入者でしょう。

では、どのような侵入者でしょうか？

六十四卦の官の卦のとなりの六獣と呼ばれるリストから、情報を引き出すことができます。一番上の官の爻の横にある動物は玄武です。これは窃盗を象徴します。それゆえ殺人犯は窃盗目的だった可能性があります。

この解釈の方法は、多くの洞察と明確さを状況判断のために提供します。「変化の書」としての易を読んでも、この卦が艮（静止）と呼ばれており、六番目の動爻の位置の爻辞は「静かに止まると吉」として説明されるだけです。これを私たちの質問と結びつけて犯人像を絞るのは難しいでしょう。

易占に興味のある人にとって、この技術は易を使う際に、予測の正確さや現状の理解において、新しい展望を開いてくれるでしょう。意味を割り振ることは難しくはないのですから、中華超心理学の新しい宝の一つにあなたを導いてくれることでしょう。

易についての小史

易の歴史は宇宙の始まりまで遡ります。中国の宇宙論の中では、今日ある宇宙の始まり以前において、宇宙は「無極《むきょく》」と呼ばれる空《くう》の状態であったと考えます。

「無極」は空の円で象徴されます。「無極」は究極の無もしくは空を意味します。

現代西洋宇宙論においては、「ビッグバン理論」が主流です。時間と空間をつくり出したビッグバン以前には、世界は「ブラックホール（特異点）」と呼ばれる状態にありました。これは無限の密度をもつ物体で、宇宙のすべての物質と力を含んでいる状態です。その後、大きな爆発であるビッグバンがあり、時間、空間、物質のすべてが、このビッグバンから生まれたと考えられています。

一方、中国の見方は「無極」から始まったと考えます。「太極《たいきょく》」と呼ばれる新しい状態からの分裂があったのです。太極は半分を占める黒と白がそれぞれ溶け合うように表現されています。

「太極」の概念は、万物のすべてがコインの裏と表と同じように、陰と陽の二元論であるという考え方です。たとえば、女性と男性、善と悪、黒と白、上下、明暗などの違いが常にあります。中国の宇宙論において陰と陽の側面が現れたとき、すべてのものが意味を持ち、そしてこれが宇宙の始まりも意味するのです。

「太極」――陰と陽――の概念はとても単純に聞こえますが、宇宙の基本的な特徴であり、生命に意味を付加します。仮に、陰も陽もなく、男女、善悪、黒白、上下のない星に到着したことを想像してみましょう。これは意味のない世界であります。

「太極」――陰陽の概念は易のまさに基礎となる部分です。歴史的な記録によると、紀元前三〇〇〇年に生きた伏義《ふっき》と呼ばれる非常に知性のある者が自然を観察することにより陰陽の深い意味を認識したといわれています。

伏義は彼の観察を記録するために八つの象徴的記号を発明しました。これらの記号は陰陽をもとにつくられています。直線⚊が陽を示し、破線⚋が陰を示します。それゆえ四つの記号が太極の概念から生み出されます。

しかしながら、自然観察の情報を収集するためには、四つの記号だけでは不十分でした。それゆえ彼はもう一本線（爻）を足し、三つの線（爻）で成り立つ「八卦」をつくり出しました。陰と陽の三本の爻によって、八つの組み合わせができます。

つまり有名な八つの卦です。下の図は始まり――「無極」からどのように八卦に発展したかを示しています。

八卦の成り立ち

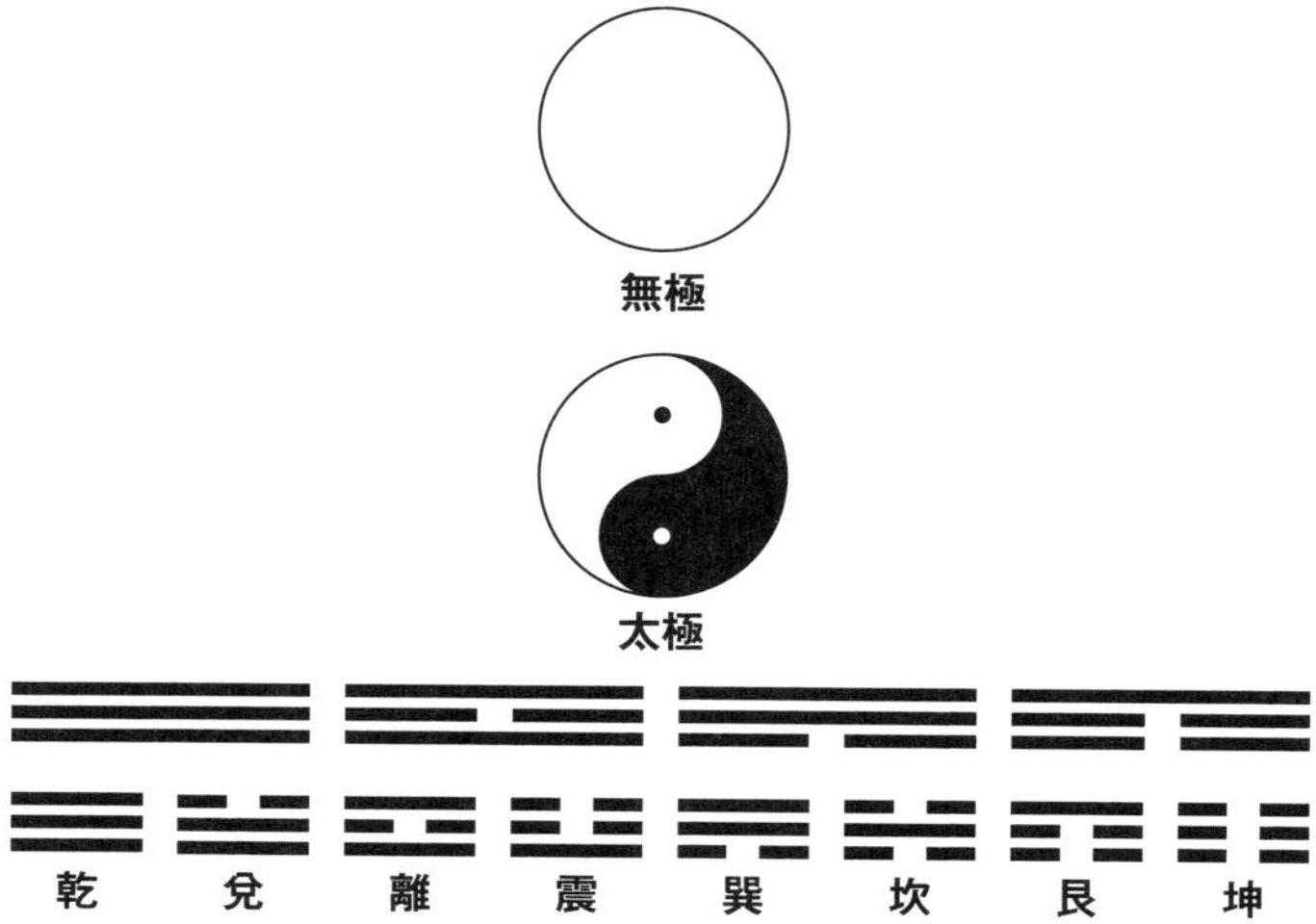

この八卦は伏義によって観察された自然現象の象徴記号です。そのように自然の異なる現象を表しており、天、地、火、水、山、沢、雷、風が含まれます。

これらの記号は、現代的にいうと、情報収集を保存するための最も古い形式のアーカイブと考えられます。まさに、陰陽の概念は今日まで私たちの生活に深い影響を及ぼしていきました。陰と陽の概念は現代コンピューター・サイエンスの基礎となる二進法の発明も引き起こしました。

時代が経つにつれて人間社会が複雑になり、それぞれの八卦の意味も多くの情報、たとえば人間関係や五行、方位、動物などへと扱う範囲が広がりました。

ところが、八卦だけでは意味の含有において限界が出てきてしまいました。私たちは多くの情報を保管するためのより多くのファイルが必要になりました。そのため、八卦を使い、情報をより多く含ませるための独創的な方法として、一つの八卦をもう一つの八卦の上におき、六つの線（爻）から成り立つ六十四卦を形成するという方法がとられるようになりました。

六十四卦の発明は、情報を貯めるのにほぼ無限の収容力をつくり出すことを可能にしました。歴史上の記録によると、この発明は文王、つまり周王朝の最初の王によるものだとされています。彼は六十四卦を創造しそれぞれの意味を解説しました。

文王に関しては、紀元前一一二二年頃の記録があります。商の最後の皇帝である紂王は残虐で、庶民から嫌われていたため、文王が商王朝に対して反乱軍を率いましたが、彼は紂王の兵士に捕まり、牢獄に入れられてしまいました。文王はその牢獄にいる間に八卦を研究し、八卦の上に八卦をのせることにより六十四卦を発明したとされます。

文王は六十四卦のそれぞれの爻ごとの解釈も書き残しました。そして、彼は『易経』をまとめ、今日に見る「変化の書」の前半を完成させたのです。『易経』のこの部分は卦辞と爻辞が収められた「経」として広く知られています。

五〇〇年の時が経ち、中国は戦国時代に突入しました。偉大な学者であり教師である孔子は『易経』の熱心な信奉者でもあり、彼は文王の書に注釈を付けました。これらの注釈は『十翼《じゅうよく》』と呼ばれ、文王の「経」と合わせて、『易経』として完成しました。

しかしながら、文王も孔子も占術家ではなく、彼らの解釈は封建社会に適応する哲学や社会学に基づいていましたから、占いのための本というよりはむしろ、社会秩序を維持するための教えを呈していました。文王と孔子が貢献したものは『易経』の学問的な研究をしたことです。しかし一方では、否定的な影響として、元々の科学的な性質から題目が逸れてしまいました。

周王朝の後、『易経』は二つの破滅的な時代を経ました。始皇帝は、紀元前二四六年に周王朝から秦王として即位、前二二一年には中国を統一しました。その後、始皇帝は「焚書坑儒《ふんしょこうじゅ》」を命じ、古代の書のほとんどはこのとき、消えてしまいました。

しかしながら、始皇帝は『易経』の価値を認識していたので、『易経』のみ例外として残すよう命じたといわれております。そのため『易経』は宮殿に保管されていました。しかし、秦王朝最後の時、諸侯の一人、楚の項羽《こうう》などが秦の皇帝に対して反乱を起こし、宮殿に侵入しました。

項羽は宮殿のすべてを焼き払い、おそらく、残っていた『易経』の写本もその火の中で消えてしまいました。この出来事の後、今日の『易経』の正統性に対する論争が起こります。というのも、今日の『易経』が文王や孔子が編纂した原本とは異なるかもしれないからです。

六十四卦を使った占術は京房と呼ばれます。紀元前二〇二年に建国された漢の時代に住んでいた人間によって発明されたといわれております。京房は五行と六親《りくしん》（五神《ごしん》）を六爻卦のそれぞれの爻に振り分け、六十四卦の正確でありかつ焦点を絞り込んだ解釈を可能にしました。

これはとても革新的な方法でした。京房は文王の易に対する貢献を重んじ、この方法を「文王卦《ぶんおうけ》」と呼びました。この方法は道家によって「六獣《りくじゅう》」が付け加えられ、より詳細な解釈を可能にしました。

京房によって発明された文王卦は漢王朝以後人気が出て、易占の主流となりました。宋の時代には新しい応用である、「梅花易数《ばいかえきすう》」で有名な易学者である邵雍《しょうよう》（邵康節《しょうこうせつ》）によって発明されました。彼は中華超心理学の重要な学者の一人で、特別な出来事が起こった瞬間を捉えることによって六爻卦をつくるシステムを発明しました。

これは占術としての易を使うもう一つの方法となりました。「梅花易数」についての詳細は本書の後半に述べます。ただしこの方法を正確に使うには、多くの想像力と主観的判断力を必要とします。

このように、京房の方法がほとんどの占いにおいて主流となって残っています。

一三六八年、明王朝の創立に貢献した大臣の劉伯温《りゅうはくおん》という人物がいました。彼は『断卦《だんけ》「黄金策《おうごんさく》」』と呼ばれる本を書きました。この本によって京房の技術は完全に記録し説明され、占術法は完全なものとなりました。この方法が本書で取り上げる体系です。

易経の発展

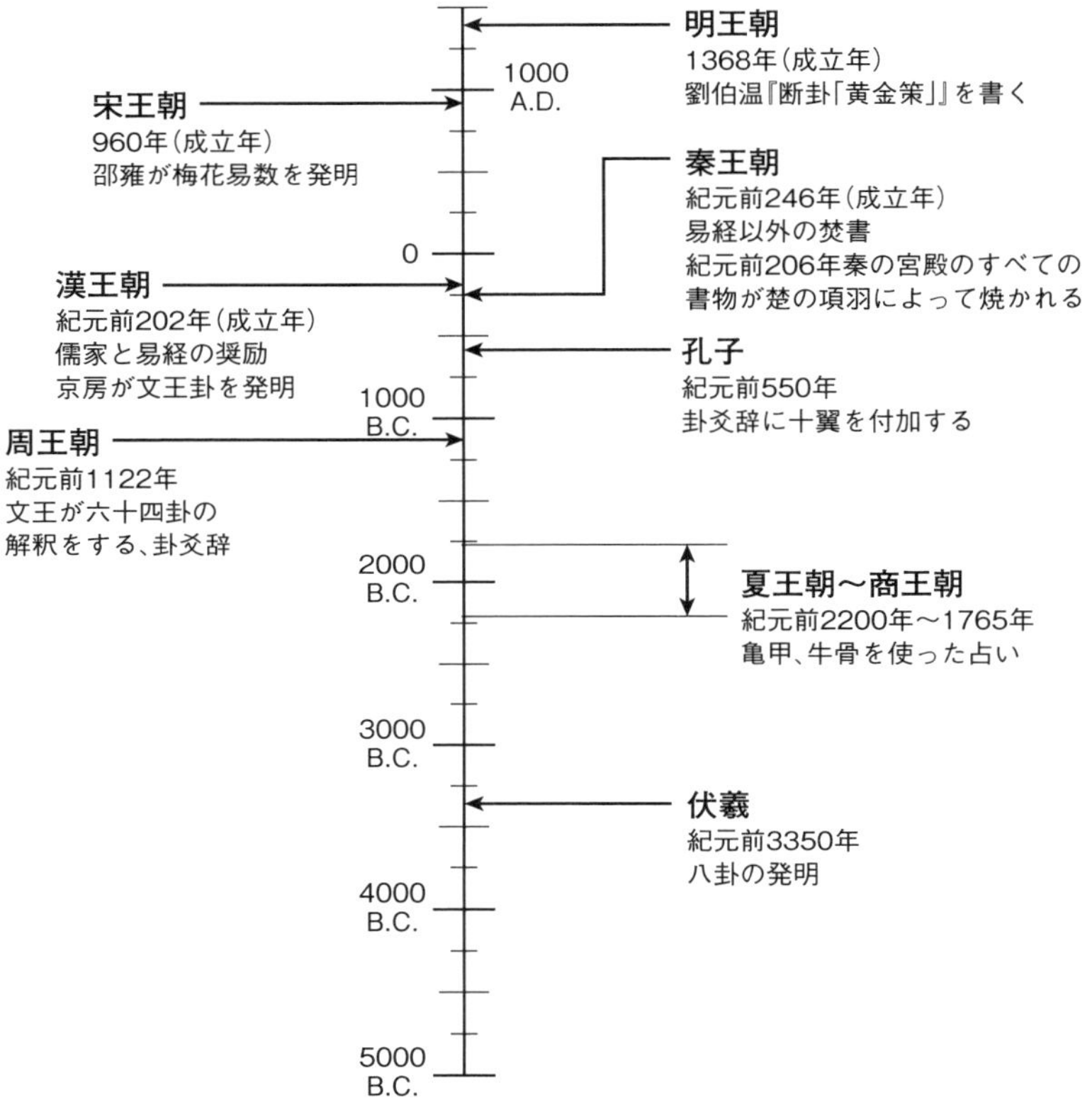

明王朝
1368年（成立年）
劉伯温『断卦「黄金策」』を書く
1000
A.D.
宋王朝
960年（成立年）
邵雍が梅花易数を発明
秦王朝
紀元前246年（成立年）
易経以外の焚書
紀元前206年秦の宮殿のすべての
書物が楚の項羽によって焼かれる
0
漢王朝
紀元前202年（成立年）
儒家と易経の奨励
京房が文王卦を発明
孔子
紀元前550年
卦爻辞に十翼を付加する
1000
B.C.
周王朝
紀元前1122年
文王が六十四卦の
解釈をする、卦爻辞
2000
B.C.
夏王朝～商王朝
紀元前2200年～1765年
亀甲、牛骨を使った占い
3000
B.C.
伏羲
紀元前3350年
八卦の発明
4000
B.C.
5000
B.C.

八卦と六十四卦（六爻）の基礎

易卦とは何か

易卦とは正確には何のことでしょうか？

これは紀元前三五〇〇年あたりに生きた聖人伏義によってつくられた、線でできた八つの象徴記号です。伏義についての記録はとても少ないのが現状です。

私たちが彼について発見できることは、彼が天地を観察し、八卦を発明したということだけです。八卦は陽もしくは男性を表す直線と、陰もしくは女性を表す破線によって成り立ちます。それゆえ、この八卦の記号は陰陽の重要な概念を含んでおります。そして陰陽は中国宇宙論から見た万物を理解する基礎となります。


西洋の宇宙論において、宇宙の始まりを理解する現代理論は、「ビッグバン理論」です。これは万物が大きな爆発によって生まれたという理論です。スティーブン・ホーキングなどの科学者は、この出来事の以前、世界は「ブラックホール（特異点）」の状態にあったと考えます。これは無限の密度を持った巨大な物体が万物のすべてを含んでいる状態です。

しかし、この考え方は中国の宇宙論とは異なります。中国では「太極」と呼ばれる状態から世界が始まったと信じられています。これは陽と陰が区別されているということを意味します。太極の状態の前には、世界は「無極」の状態にあり、この無極は空の丸い円で表現されます。「無極」は無を意味します。究極の無を意味します。もし何もなければ、意味が存在しないまったくの空があります。そして、空の円が二つに割れたときに、万物の意味が発生します。白い半分は陽で、黒い半分は陰であり、これが太極の記号となります。

太極は中華超心理学の中で最も重要で代表的な象徴記号です。太極は陰と陽の二元性を表し、白と黒で区別される円です。それはすべての両面性を表し、宇宙万物の基礎となります。すべてのものは二つの側面を持つと考えられています。

たとえば、男女、白黒、上下、善悪、幸不幸、太陽と月などです。この考え方はとても単純ですが、これが基本的な性質で、宇宙に意味を付加します。もし陰と陽がない世界、たとえば白黒の区別がない、善悪の区別がない、男女の区別がない世界があったと想像しましょう。そこはある空の場所であり、意味を持たない場所です。太極は私たちの生活に意味を付加し、陰と陽の基本的性質を明らかにする概念です。太極の記号は二つの性質が正反対なわけではなく、お互い支え合っています。それゆえ記号の黒と白の部分がお互い溶け合うような形になっています。

また、白い点が黒の部分にあり、黒い点が白の部分にあります。これは陰の中に陽の性質があり、陽の中に陰の性質があることを示しています。陽と陰は対立しているのではなく、お互いを重んじ、調和的に相互依存しています。

太極の概念の重要な部分は、陰陽の概念が現代コンピューター・サイエンスの基礎である二進法の考え方に影響を与えたということです。

八卦の説明

伏義によって発明された八卦はそのように独創的な記号であると考えられ、すべての文化によって理解され、時間の試練にも耐えてきました。このデザインの特異性は、単純でありながら、陰と陽の原則を持ち、宇宙の深い意味を持っているということです。

それではどのように伏義はこの象徴記号を発明したのでしょうか？

彼は天地を観察した、と記録には残っています。この象徴記号は環境の観察の結果を表し、伏義によって観察された自然の表現であります。八つの記号は自然の物体や現象を指し示しています。

下の左の図は「先天図」と呼ばれ、伏義によって発明された八卦の配置を示しています。

なぜ伏義はこのように八卦を配置したのでしょうか？

過去何千年にもわたり、多くの中国の学者が解釈に貢献し

八卦：先天図と後天図

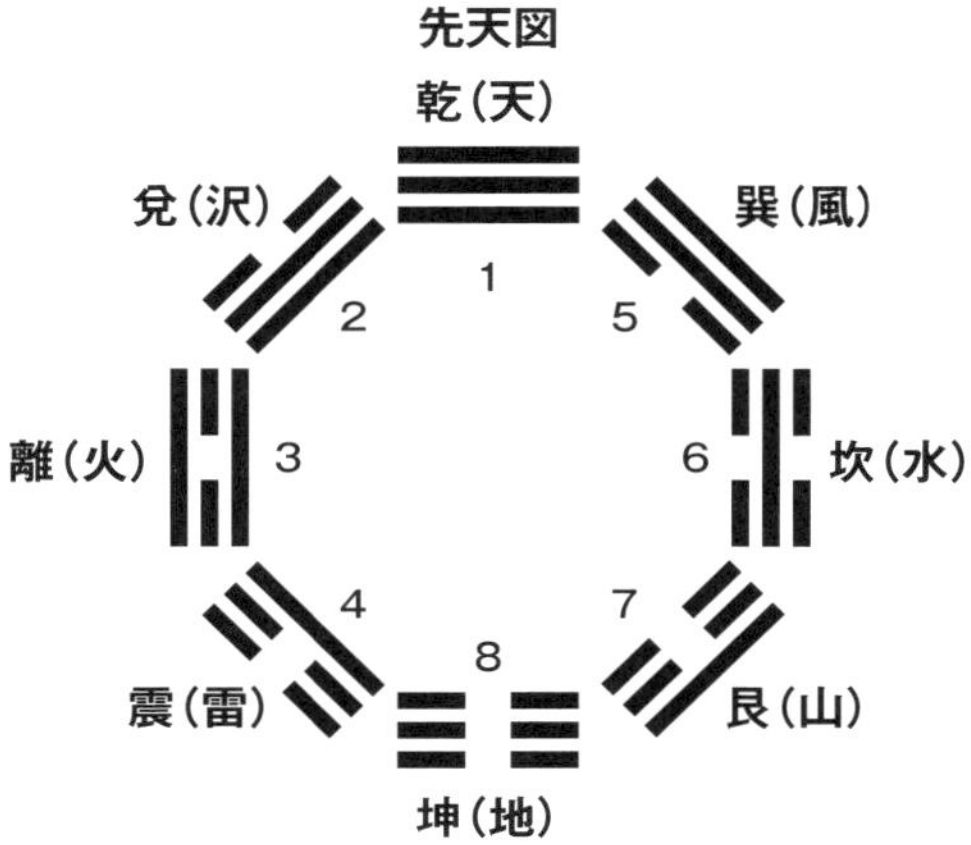

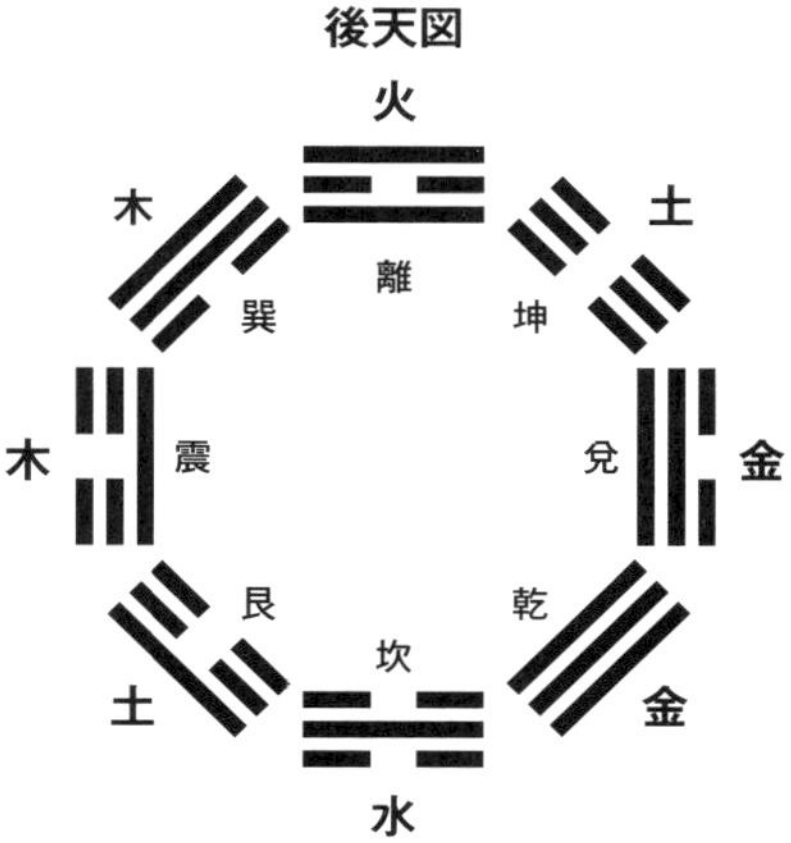

ました。その中でも一番納得のいく説明は、伏羲が単に八卦を彼の観察の結果どおりに配置したということです。天を上に地を下に配置するのは論理的です。というのも上を見ると空があり、下を見ると地面があるからです。そして太陽を表す火を東におきました。

これは太陽が常に東から昇るためです。そして月を表す水を西に配置しました。そして伏羲は四隅を見て、中国の地理的配置を元に、残り四つの卦を配置しました。山を北西、沢を南東に置くことは中国の地形と合致しています。中国は高山と高地が北西にあり、低地が南東にあるからです。南西の風と北東の雷に関しては、中国の南西は砂漠地帯が多く、強い風が吹きます。北東に関しては、雷が地震の意味をも持つことから、中国の北東地域であり、日本を含む地震地帯を指します。

明らかなことは、伏羲によって発明された八卦は自然現象の象徴記号であるということです。それゆえ先天八卦の配置は中華超心理学のさまざまな側面に応用されています。たとえば、風水では、八卦鏡は悪いエネルギーに対して守る道具としてしばしば使われます。同様の先天八卦が羅盤にも使われており、悪い精霊の侵入から羅盤の針を守ります。また八卦を最も原始的な情報庫の一種として考えることもできます。つまり、自然の情報を記録する象徴記号とみなすことができるわけです。

時が経つにつれ、文明が発達し、人間社会がより複雑になり、より多くの情報資料がそれぞれの八卦に付加されました。八卦は情報ファイルとして考えられ、より多くの意味を持ち始めました。

たとえば、家族構成でいうと、家族の構成員の一人ずつが、一つの八卦に割り当てられます。天（乾）は陽の性質が一番強いので、必然的に父を象徴します。地（坤）は一番強い陰で、破線三つで構成されていますので、母を象徴します。父の下には三人の息子がありますが、これは陽爻の位置によって決まります。

八卦の意味

卦	番号	性質	家族	動物	方位	身体	五行
☰ 乾	6	天	父	馬	北西	頭	金
☵ 坎	1	水	次男	豚	北	耳	水
☶ 艮	8	山	三男	犬	北東	手	土
☳ 震	3	雷	長男	龍	東	脚	木
☴ 巽	4	風	長女	鶏	南東	尻	木
☲ 離	9	火	次女	鳥	南	目	火
☷ 坤	2	地	母	牛	南西	腹	土
☱ 兌	7	沢	三女	羊	西	口	金

八卦の爻
例：火（離）の卦

上爻	⚊	陽爻
中爻	⚋	陰爻
下爻	⚊	陽爻

八卦や六十四卦の爻の番号を数えるときは下から数えていきます。つまり、一番下の爻が下爻、下から二番目が中爻、一番上の爻が上爻となります。たとえば、八卦で一つの陽爻が一番下にあるとき、その卦は長男を示します。これは雷（震）の卦です。陽爻は一本の線⚊、陰爻は一本の破線⚋で表記されます。一つの陽爻が二番目の場所にきている水（坎）の卦は次男を示します。一番若い三男は一つの陽爻が一番上にくる場合で、山（艮）の卦がこれに当てはまります。

同様の原則が家族の女性たちにも当てはまります。破線が一つだけ一番下にくる風（巽）は長女を表します。火（離）の卦は陰爻が二番目の中爻にくるので次女を示し、沢（兌）は陰爻が一番上である三番目の上爻の位置にくるので三女となります。

八卦は五行、方位、動物へと、さまざまな意味を含むようになります。上の表はそれぞれの八卦の重要な意味を示しています。

六十四卦の説明

八卦に意味づけられる情報量はそれでも限られていました。伏羲の時代から三五〇〇年以上の時が過ぎたのち、周王朝の創始者である文王は一つの八卦の上にもう一つの八卦をのせるという方法で易の発展に貢献しました。八卦がもう一つの八卦と組み合わされることにより、六十四の組み合わせができます。

六十四種類の記号があると、たくさんの情報を蓄えることができます。商王朝の最後の時期、文王が幽閉されている際に、彼は六十四卦の配置の順番と、八卦と六十四卦のそれぞれの爻の説明に時間を費やしました。この彼の作業の集大成が『易経』となりました。六十四卦のそれぞれには名前が与えられ、それぞれの爻が文王によって意味を付加されました。

すべての六十四卦は八つのグループに分けられます。それぞれのグループの先頭には同じ卦が重なった純粋な六爻があります。これは「八純卦《はちじゅんけ》（首卦《しゅけ》）」と呼ばれています。八つの六爻で構成される宮のリーダー

六十四卦の爻
例：坤為地

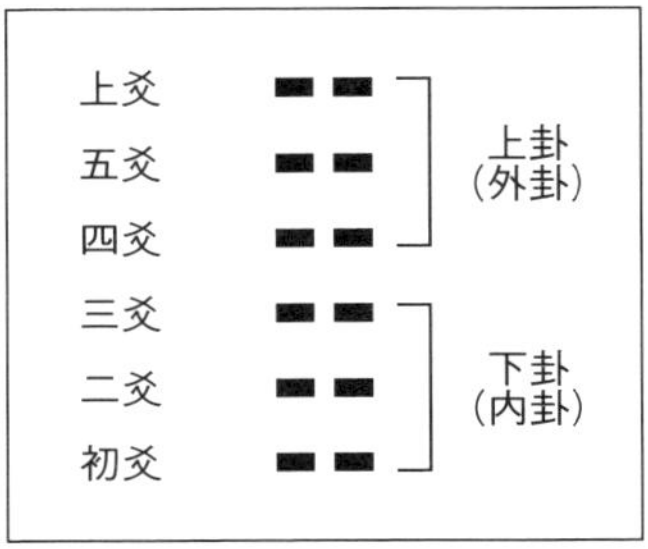

乾・乾為天の宮

世爻	卦	乾（天）	☰
6	乾《けん》	乾為天《けんいてん》	䷀
1	姤《こう》	天風姤《てんぷうこう》	䷫
2	遯《とん》	天山遯《てんざんとん》	䷠
3	否《ひ》	天地否《てんちひ》	䷋
4	観《かん》	風地観《ふうちかん》	䷓
5	剝《はく》	山地剝《さんちはく》	䷖
4	晋《しん》	火地晋《かちしん》	䷢
3	大有《たいゆう》	火天大有《かてんたいゆう》	䷍

六十四卦の表

宮 / 世爻	☷ 坤（地）8	☶ 艮（山）7	☵ 坎（水）6	☴ 巽（風）5	☳ 震（雷）4	☲ 離（火）3	☱ 兌（沢）2	☰ 乾（天）1
6	坤《こん》 坤為地《こんいち》	艮《ごん》 艮為山《ごんいさん》	坎《かん》 坎為水《かんいすい》	巽《そん》 巽為風《そんいふう》	震《しん》 震為雷《しんいらい》	離《り》 離為火《りいか》	兌《だ》 兌為沢《だいたく》	乾《けん》 乾為天《けんいてん》
1	復《ふく》 地雷復《ちらいふく》	賁《ひ》 山火賁《さんかひ》	節《せつ》 水沢節《すいたくせつ》	小畜《しょうちく》 風天小畜《ふうてんしょうちく》	豫《よ》 雷地豫《らいちよ》	旅《りょ》 火山旅《かざんりょ》	困《こん》 沢水困《たくすいこん》	姤《こう》 天風姤《てんぷうこう》
2	臨《りん》 地沢臨《ちたくりん》	大畜《たいちく》 山天大畜《さんてんたいちく》	屯《ちゅん》 水雷屯《すいらいちゅん》	家人《かじん》 風火家人《ふうかかじん》	解《かい》 雷水解《らいすいかい》	鼎《てい》 火風鼎《かふうてい》	萃《すい》 沢地萃《たくちすい》	遯《とん》 天山遯《てんざんとん》
3	泰《たい》 地天泰《ちてんたい》	損《そん》 山沢損《さんたくそん》	既済《きせい》 水火既済《すいかきせい》	益《えき》 風雷益《ふうらいえき》	恒《こう》 雷風恒《らいふうこう》	未済《びせい》 火水未済《かすいびせい》	咸《かん》 沢山咸《たくさんかん》	否《ひ》 天地否《てんちひ》
4	大壮《たいそう》 雷天大壮《らいてんたいそう》	睽《けい》 火沢睽《かたくけい》	革《かく》 沢火革《たくかかく》	无妄《むぼう》 天雷无妄《てんらいむぼう》	升《しょう》 地風升《ちふうしょう》	蒙《もう》 山水蒙《さんすいもう》	蹇《けん》 水山蹇《すいざんけん》	観《かん》 風地観《ふうちかん》
5	夬《かい》 沢天夬《たくてんかい》	履《り》 天沢履《てんたくり》	豊《ほう》 雷火豊《らいかほう》	噬嗑《ぜいこう》 火雷噬嗑《からいぜいこう》	井《せい》 水風井《すいふうせい》	渙《かん》 風水渙《ふうすいかん》	謙《けん》 地山謙《ちざんけん》	剥《はく》 山地剥《さんちはく》
4	需《じゅ》 水天需《すいてんじゅ》	中孚《ちゅうふ》 風沢中孚《ふうたくちゅうふ》	明夷《めいい》 地火明夷《ちかめいい》	頤《い》 山雷頤《さんらいい》	大過《たいか》 沢風大過《たくふうたいか》	訟《しょう》 天水訟《てんすいしょう》	小過《しょうか》 雷山小過《らいざんしょうか》	晋《しん》 火地晋《かちしん》
3	比《ひ》 水地比《すいちひ》	漸《ぜん》 風山漸《ふうざんぜん》	師《し》 地水師《ちすいし》	蠱《こ》 山風蠱《さんぷうこ》	随《ずい》 沢雷随《たくらいずい》	同人《どうじん》 天火同人《てんかどうじん》	帰妹《きまい》 雷沢帰妹《らいたくきまい》	大有《たいゆう》 火天大有《かてんたいゆう》

ともいえます。これは論理的な表現方法です。というのも、ある「首卦」の下に来る他の六爻卦は首卦の爻を一つずつ変えた際に生み出されるからです。

『易経』の六十四卦のすべての卦は爻でできており、合計三百八十四爻から成り立ちます。爻は、下から読み、初爻、二爻、三爻が下卦（内卦）をつくり、四爻、五爻、上爻が上卦（外卦）をつくります。

32ページの表で乾の列を例に見ていきましょう。「乾《けん》・乾為天《けんいてん》」の下にある七つの六爻は「乾・乾為天」の爻を変えることによって生み出されます。

「姤《こう》・天風姤《てんぷうこう》」は「乾・乾為天」の最初の爻である初爻を陽から陰に変えることによって生まれます。そして「姤・天風姤」の二爻を変えることによって、「遯《とん》・天山遯《てんざんとん》」が生まれます。「否《ひ》・天地否《てんちひ》」は「遯・天山遯」の三爻を変えることによってできます。「観《かん》・風地観《ふうちかん》」は「否・天地否」の四爻を変えることによってできます。「剝《はく》・山地剝《さんちはく》」は「観・風地観」の五爻を変えることによってできます。ここからまた戻ります。

五爻より上の上爻を変えることはできません。上爻は極端であると考えられ、バランスと調和の中国哲学の中では常には受け入れられるわけではありません。そのため五爻を変えた後、次のステップはその上の上爻を変えることではなく、下に下りること、つまり四爻に戻ることです。「晋《しん》・火地晋《かちしん》」は「剝・山地剝」の四爻を変えることによってできます。最後のステップは下の八卦である下卦（内卦）を宮卦である乾（天）に戻すことで、「大有《たいゆう》・火天大有《かてんたいゆう》」となります。

易占の実践方法

一、筮《ぜい》竹《ちく》——易占の古代応用法

八卦の体系は、紀元前三〇〇〇年頃に生きた伏羲によって発明されました。占いと神託のために使われたという有力な証拠が残っています。中国において古代の占いの形態として知られているのは、商王朝の時の神託用の骨で、商の都であった殷墟《いんきょ》、現在の安陽で発見されました。

神託用の骨には牛骨と甲骨が含まれます。骨の上に六カ所の窪みがつけられており、ひびが現れるように火で焼かれていました。予言者はそのひびを解読し、窪みをつけて天気の予測から政治の問題までのあらゆる問題に関係する前兆を読み取りました。

商王朝が滅びた後、神託用の骨は忘れられてしまいました。しかし、易による神託の人気は残り、易の六十四卦で王や貴族たちは遊ぶことを好みました。牛骨や甲骨を使う代わりに、六爻を得るためのたくさんの方法が現れました。

たとえば、筮竹を使うやり方は、コインを使うやり方に取って代わられるまで、とても一般的でした。この方法には五〇本の筮竹が必要です。

やり方は次のとおりです。

ステップ１：五〇本の筮竹から一本を抜いて横に置く。

ステップ2：残りの四九本を二つの束に適当に分けます。左手に持つ束は天を表し、右手の束は地を表します。

ステップ3：左手の筮竹の束から八本ずつ取り出していき、残りが八本以下になるまで続けます。

ステップ4：左手に残った束の数が下卦となります。以下の番号がそれぞれの八卦に対応します。

ステップ5：同じ方法を繰り返し、上卦を求めます。

ステップ6：六爻の中の動爻を求めるためには、左手の筮竹の束から六本ずつ筮竹を取り、六本以下になるまで繰り返します。残った筮竹の本数が動爻の位置を表します。

1　乾（天）、2　兌（沢）、3　離（火）、4　震（雷）

5　巽（風）、6　坎（水）、7　艮（山）、8　坤（地）

記録によると、中国の皇帝たちはそのような六十四卦の占いを、自分たちの大臣の知性を試す知的練習問題として好んで使ったということです。

以下の話はある興味深い例です。

戦国時代のある諸侯の一人が彼の大臣たちと易を使った遊びに興じていました。召使に一つの箱をテーブルの上に置かせ、役人たちが易を使ってその箱の中身を当てるという遊びです。季節は秋でした。筮竹を使った方法で得

艮（山）の上に坎（水）がある六爻卦：蹇・水山蹇

られた易は坎（水）が艮（山）の上にある六爻「蹇《けん》・水山蹇《すいざんけん》」䷦でした。この六爻卦をもとに、ある大臣は箱の中に一匹の鼠が捕まえられていると示唆しました。もう一人の役人は反論し、四匹の鼠であるといいました。箱が開けられると一匹の鼠が見つかりました。しかし、両方の答えが正しいことが判明しました。というのもその鼠は妊娠中で、その後三匹の赤ちゃんを産んだのです。

どのようにして、このような正確な答えが導き出せたのでしょうか？坎（水）の卦は子（鼠）と解釈できます。というのも子は中国の占星術のなかでは十二の動物の一つで、水の五行で表されるからです。艮（山）の卦は「停止」の意味を持ちます。それゆえ坎（水）と艮（山）は鼠が箱の中にとらわれていることを象徴しています。

それではなぜもう一方の役人は四匹の鼠という答えを出したのでしょうか？

易を解釈するためには、六爻だけでなく、占った時期も考慮に入れる必要があります。占いは秋に行われ、秋は五行でいうと金の季節です。中国の数秘学では、金の番号は四と九であります。箱が九匹の鼠にとっては小さすぎるので、その役人は箱の中に四匹の鼠がいると推論したのです。

節（水沢節）：兌（沢）の上に坎（水）が
泰（地天泰）：乾（天）の上に坤（地）に変わる

また、二〇〇年代の三国時代の有名な将軍である関羽の話があります。『三国志演義』と呼ばれる歴史小説に記録されていますが、関羽将軍は敵の軍によって、沼沢地で囲まれてしまいました。彼は翌朝囲いを破るための反撃に出る用意をしておりました。その夜に彼は易を立て戦闘の結果を占ってみました。彼はその時に坎（水）が兌（沢）の上にある六爻「節・水沢節」䷻を得ました。この六爻は三番目と五番目に二つの動爻を持っていました。動爻とは陽爻から陰爻に爻が変わる（変爻）、もしくはその反対を意味します。変爻後、結果として出された六爻卦は坤（地）が乾（天）の上に来る卦「泰・地天泰」䷊です（37ページ図）。

この六爻を関羽将軍はどのように解釈したのでしょうか？

彼はとても悪い前兆であると取りました。最初の坎（水）と兌（沢）の卦（本卦）は彼の現状である、沢と水によって囲まれた沼沢地でとらわれていることを示します。

結果として出た六爻（変卦）は出来事の結果を示しています。乾（天）は頭を象徴します。そしてその頭が坤（地）の下に来ており地面を象徴します。関羽将軍は次の朝の戦いで敗れ、首を切り落とされました。

二、梅花易数《ばいかえきすう》

ここまで私は系統として、簡単に概説を交えて二つの種類の易占を紹介しました。最初は学問的な『易経』が文王や孔子によってつくられた「変化の書」を六十四卦の解釈のために参照するということをお話ししました。

二つめの占いとしての易、もしくは「文王卦」は六爻のそれぞれの爻に五行や六親（五神）を配置して、より正確な答えを出す方法です。

そのほか、三つめのやり方も存在します。この方法が、おそらく一番想像力を使い、多くの人を魅了する易の使用法です。

それは中華超心理学の中で「梅花易数」と呼ばれるとても有名な占卜です。梅花易数は宋の時代の聖人であり大学者でもある邵雍《しょうよう》によって発明されました。

邵雍は宋の時代に生きた賢人の一人です。彼は『易経』の熟練者というだけでなく、宇宙論や万物を理解する際の『易経』の知的応用に多大な貢献をしました。彼は、万物がある一定の法則に従う、その法則は数字と数学で表現できるという確固たる信念を持っていました。そこで彼は、人類の歴史と宇宙の歴史を説明する六十四卦を使った暦の占卜を発明しました。邵雍によって発明された多くの中華超心理学システムの中で、梅花易数は多くの人を魅了し、最も知られていて、書き残されているものなのです。

梅花易数とは、答えを得て、六爻の解釈から情報を引き出す方法を用いた易占の一つです。しかしながら、コインを投げたり、筮竹を使ったりすることにより六爻を得る他の方法と違い、梅花易数は極めて特異であります。

それは、六爻は質問が起こった「瞬間の時」から導き出されるからです。邵雍は、ある一定の時間内に起こる特別の出来事は常に宇宙からのメッセージを持つと信じていました。そしてそのようなメッセージは、その「瞬間の時」を表す番号から引き出された六爻卦によって明らかにされると邵雍は考えました。その「瞬間の時」とは、その出来事の起きた年月日時です。

梅花易数の詳細な行程を検討する前に、邵雍が発見したシステムにまつわるとても面白い話を紹介しましょう。

ある日邵雍が快適に眠っていると、彼の寝室の周りを走る鼠によって起こされました。怒って彼は陶器製の枕を取り、その枕を鼠に向かって投げました。鼠は運よく逃げ、枕は壊れてしまいました。ところが驚いたことに、枕の中に一枚の紙切れが入っていました。その紙には「此枕賣與賢人康節、某年月日撃鼠枕破。この枕は〇年〇月〇日に鼠に向けて投げられた時に壊れるであろう」と書かれていました。それはまさにその日の日付ではありませんか。邵雍は枕の中にあった正確な予言にとても驚きました。彼はとても好奇心旺盛だったので、早速その紙を持って枕をつくっている工場に向かいました。

邵雍は枕工場のオーナーに会いましたが、枕職人は紙を枕の中に入れた覚えはまったくないといいます。しかし、彼の隣の家にとても頭の良い老人がいることを、その枕職人は知っていました。そしてその筆跡から老人のものだと判別したのです。

邵雍は隣家の扉をたたきました。若い男が出迎え、邵雍は家に招き入れられました。その若い男は邵雍にいいました。

「有一秀士至我家、可以此書授之、能終我身後世矣。あなたは私の父が話していた人（秀士）に違いありません、父は去年亡くなったのですが、そのとき父は私に、枕のことを確かめにあなたが尋ねてくるだろうといいました。その日付が今日でした。私は父からある手紙をあなたに渡すようことづけを受けています」

その若い男は封をされた手紙を邵雍に渡しました。邵雍はすぐさまそれを開け、中身を読みました。これが彼に「梅花易数」の秘密を教えた手紙だといわれております。

なぜ、この易占は梅花易数という風変わりな名前を持っているのでしょうか？

「梅花」とどのような関係があるのでしょうか。それは、この技術の正確性が証明された邵雍の所持する梅のある庭に因《ちな》んでつけられたのです。

起例一：梅花と少女

ある日、邵雍が友人と庭でくつろいでいました。突然、彼は二羽の鳥が梅の木の上でけんかをしているのを発見しました。その時、邵雍は易を立て、彼の友人にいいました。

「明日ここで小さな事故が起こるであろう。少女が梅の実を取ろうと梅の木に登るだろう。しかし、庭の管理人が彼女を見つけ、彼女は慌てて木から落ち、軽い怪我をするだろう」と。

彼の予測は一〇〇％正確だったということが、次の日に証明されました。邵雍はとても有名になり、彼の技術は梅花易数として知られるようになりました。

彼は、どのように易を立てたのでしょうか？

この易占をステップごとに見ていきましょう。

梅花易数の本質はある出来事が起こった時の時間を使った六爻をつくることです。この例でいうと、邵雍は二羽の鳥が、辰の年（番号５）一二月一七日申刻（番号９）の時間に争っているのを見ました。

次のやり方が、六爻を得るステップです。「年」と「時」の番号は左表を参照。

外卦ステップ１：外卦（上卦）を求めるためには、日・月・年の番号を足し合わせ、八で割ります。

その余りが上の卦を表します。

(17＋12+5)÷8……余り2

２は兌（沢）を表します。

内卦ステップ２：内卦（下卦）を求めるためには、時間・日・月・年を足し合わせ、八で割ります。その余りが下の卦を表します。

(9+17+12+5)÷８……余り３

３は離（火）を表します。

変卦（動爻）ステップ３：動爻を求めるためには、時間・日・月・年を足し合わせ、六で割ります。その

年と時番号表

番号	年支	時支	（時間）
1	子年	子刻	− 23時 〜 1時
2	丑年	丑刻	− 1時 〜 3時
3	寅年	寅刻	− 3時 〜 5時
4	卯年	卯刻	− 5時 〜 7時
5	辰年	辰刻	− 7時 〜 9時
6	巳年	巳刻	− 9時 〜 11時
7	午年	午刻	− 11時 〜 13時
8	未年	未刻	− 13時 〜 15時
9	申年	申刻	− 15時 〜 17時
10	酉年	酉刻	− 17時 〜 19時
11	戌年	戌刻	− 19時 〜 21時
12	亥年	亥刻	− 21時 〜 23時

八卦と関連する番号

先天数	1	2	3	4	5	6	7	8
八卦	☰乾	☱兌	☲離	☳震	☴巽	☵坎	☶艮	☷坤
属性	天	沢	火	雷	風	水	山	地
五行	金	金	火	木	木	水	土	土

梅花易数
辰年12月17日午後4時

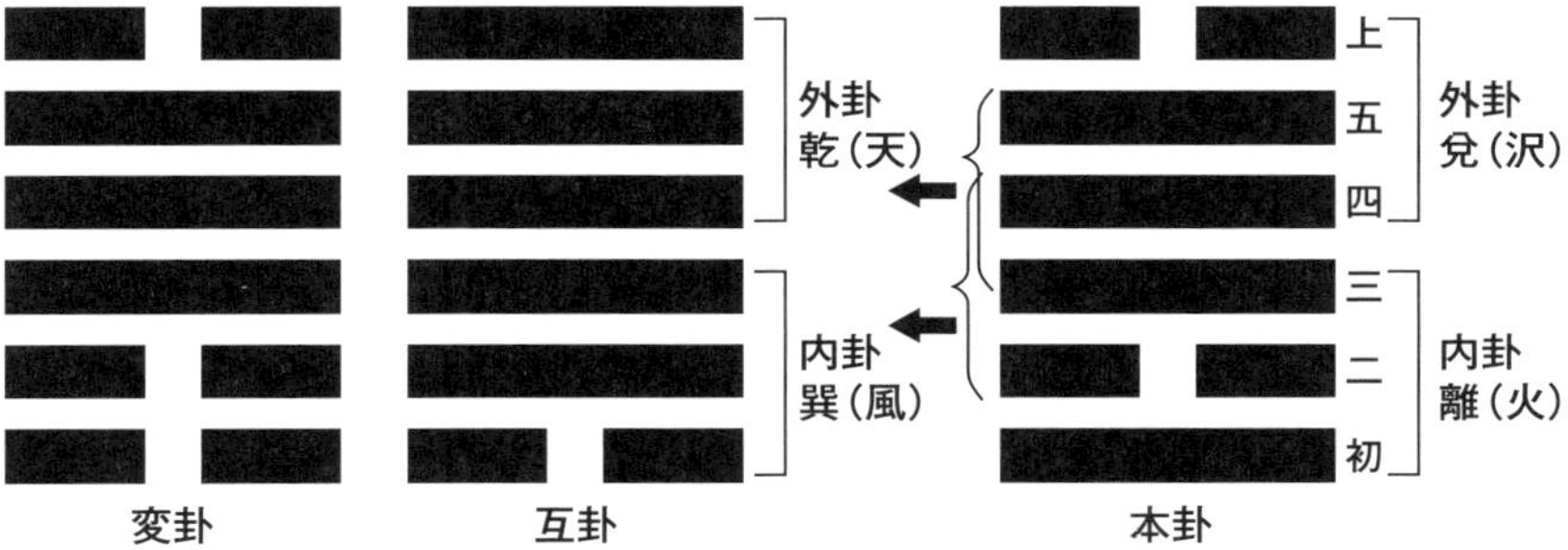

余りが動爻を表します。動爻はその爻が陰から陽、もしくは陽から陰に変わる爻です。

(9+17+12+5)÷6……余り1

1は下から数えて最初の爻である初爻が変化する爻となることを意味します。

上の図はどのように番号が八卦と関連しているかを示しています。番号の順番は伏羲の発明した八卦の先天配置を示しています。

三つのステップの後、次の三つの六爻卦を得ることができます。

(本卦)本卦の六爻は、離(火)の上に兌(沢)があります。これは現在の状況を示し、本卦と呼びます。

(互卦)二番目の六爻は乾(天)が巽(風)の上にあり、互卦といいます。これは本卦の二爻、三爻、四爻を使い内卦をつくり、本卦の三爻、四爻、五爻を使い外卦をつくります。この互卦は進行中の物事を示しています。

（変卦）最後の六爻は艮（山）の上に兌（沢）があり、変卦と呼びます。これは動爻と呼ばれ、ステップ3で得られた余り数に該当する場所の爻の陰陽を逆転させることで求めます。この場合、本卦の初爻が動爻で、変爻となります。初爻を陽から陰に変えることによってつくられます。この六爻は出来事の最終結果を示します。

三つの六爻を揃えた後、私たちは解釈を始めることができます。本卦の中に兌（沢）があります。これは若い女性を表します。そして兌（沢）が離（火）の上にあります。兌（沢）は金の五行であり火は金を剋します。これは若い女性が怪我をすることを示します。

互卦は乾（天）が巽（風）の上にあります。乾（天）は金の五行で、巽（風）は木の五行です。金が木を剋します。そして木は植物や花を表します。それゆえ、梅の実が摘まれるというメッセージを与えます。若い女性が梅の実を取ろうとしている、と解釈できます。

最終的に、変卦で表される六爻は兌（沢）が艮（山）の上にあります。五行に直すと、金が土の上にあります。土が金を生じるため、そして金が若い女性であるため、女性が地面に落ちますが、それほど怪我はひどくないことを表しています。

起例二：馬が花を踏みしだく予言

驚きましたか？

この興味深い占卜のより深い理解を得るためには、邵雍によって行われたもう一つの有名なケースをみる必要があるかも知れません。

馬が花を踏みしだく予言
卯の刻（四番目の時間）、3月16日、巳年（番号6）

1．本卦（もとの状況）

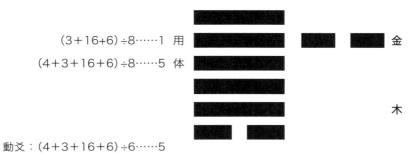

（3＋16+6）÷8……1　用

（4＋3＋16＋6）÷8……5　体

動爻：（4＋3＋16＋6）÷6……5

2．互卦（状況の経過）

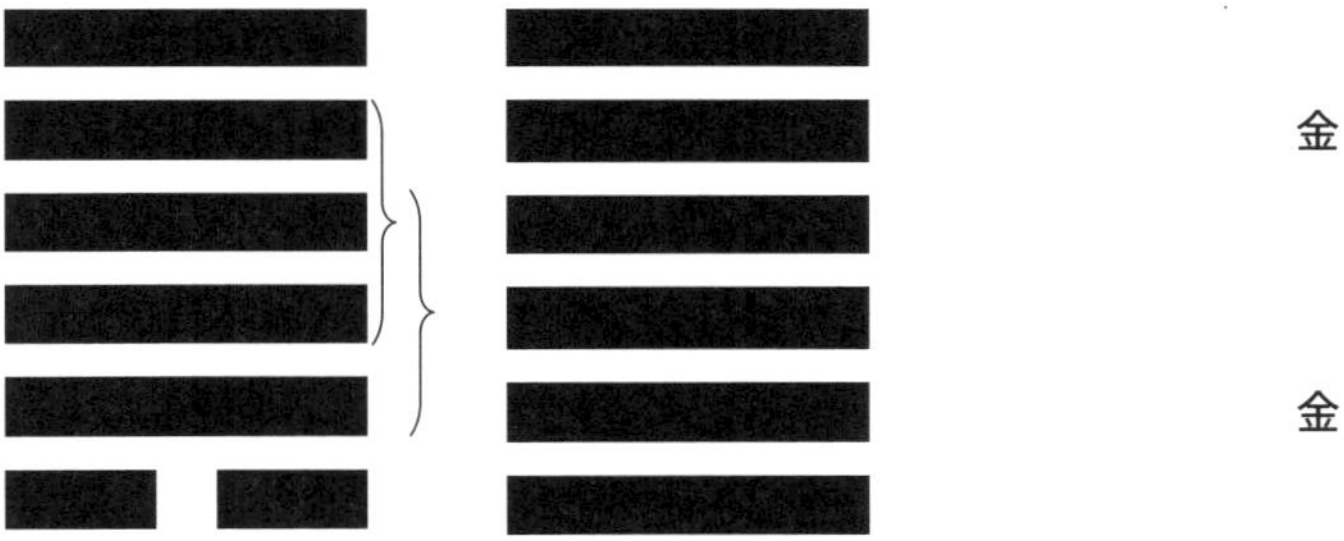

3．変卦（結果）

これは花の品評会中に起こった事件を、彼が予言したものです。

ある日、邵雍は友人を訪ねて花の品評会に行きました。品評会の世話人は、邵雍の並外れた能力を知っていたので、品評会についての予測をしてもらうことによって彼の技術を試そうとしました。邵雍は質問がなされた時間を六爻に変換しました。彼の予測は、次の日に、品評会の花が火を恐れた馬によって踏みしだかれる、というものでした。

予言は次のように説明されます。


易占は卯刻（番号4）、三月一六日で巳年（番号6）に行われました。

本卦は乾（天）が巽（風）の上にあります。乾（天）は金の五行で馬も象徴します。巽（風）は木の五行で、植物や花も表します。金が木を剋するため、この六爻は花が馬によって破壊されることを示しています。互卦には乾（天）が二つあります。二つの金と二つの馬を示しています。これは、何頭もの馬が品評会で花を傷つけることを表しています。

変卦は離（火）が巽（風）の上にあります。これは火が事件の一因になることを示しています。火は馬を驚かすので、火で馬を制御することができなくなり、馬が花を踏みしだくと推論できます。

起例三：なぜ男はドアを叩くのか？

三番目の例も非常に面白く、邵雍が質問を受けた時間から六爻を導き出すだけでなく、質問がなされた瞬間に使うことができる番号を使用するというものです。これは、ある夜、邵雍が息子と夕食をしている時に立てられた易占です。誰かが家のドアをノックしました。そのノックの仕方は、一回ノックがあり、その後間があき、続けて五回ノックがありました。邵雍はすぐに息子に六爻をつくらせ、その訪問客の目的を推測させました。

息子は一回のノックの数字が乾卦のため、上卦に乾卦を使い、五回のノックの数字の五が巽卦のため、下卦に巽卦を使いました。そして彼は乾卦が巽卦の上にある六爻（天風姤）䷫を得ました。そして、彼は出来事があった時間を動爻を求める際に使用しました。これは、1＋5＋10番目の時間（酉刻、17〜19時）となります。

三つの六爻を求めた後、彼は三つの乾（天）と三つの巽（風）があることを見ました。これが意味することは、三つの金の五行と三つの木の五行です。それゆえ、外の訪問者は道具を借りにきたのであろうと予測しました。

そしてその道具とは木の部分と金属の部分が同程度の道具であると考えました。答えは斧でした。この例の中で、邵雍は易占のときに、正確な答えを出すためには常識を使うべきであるといっています。彼は、訪問者が訪れた時間帯が夕飯時であったことを考慮し、料理用の火をおこすための木を切る斧が必要とされてい

なぜ男がドアを叩くのか？
誰かがドアをノックする時の卦

動爻：(1+5+10) ÷6……4

るのだろうと推測しました。

この例は梅花易数に関する二つの点を示しています。六爻を求めるために出来事の時間を使う他に、どんな番号でも六爻を求めるために使ってもいいということです。また、常識が解釈の際に重要であるということです。


ここでは梅花易数という有名な易占の技術を紹介しました。この占卜の特徴は簡単で使いやすいということです。しかし、私の意見としては、これは想像力を必要としますし解釈もまたとても柔軟なので、同じ質問からたくさんの答えを引き出すことができます。そのように、さまざまな可能性の中から正しい答えを取り出すには運も必要だといえます。

ほとんどの中国の占い師たちは、より複雑で信頼の置ける方法を使います。たとえば、京房によって発明された「文王卦」がそれに当たります。この占卜こそが、私が読者の皆さんに勧めるものです。

三、文王卦——中華農民暦の導入

文王卦の方法

文王卦は京房によって紀元前二〇〇年前頃の漢の時代に発明されました。すべての易占は一つの六爻から始まります。六爻を得るために三つのコインを六回振ったり、筮竹を使ったりする方法にはすでに言及しました。

梅花易数を使うならば、その時の瞬間を六爻に変換する必要があります。

六爻が求められたら、学術的な解釈の仕方は『易経』を参照します。そして卦について爻辞の部分を読むことです。もし梅花易数を使うならば、その出来事がどのように進行するかは、本卦・互卦・変卦のそれぞれの五行を見ることによって確認します。

装卦《そうけ》について

これから紹介する文王卦に関しては、六爻が求められた後、解釈する前に「装卦」という作業を行います。

装卦とは五行や五神などを六爻のそれぞれの爻に割り当てることをさします。一般的に、私たちは六爻を六親（五神）の五つのカテゴリーに分けます、才（財）、官、比肩、印、食神がそれに当たります。もし質問が関係する人々に関するものでしたら、五つの関係しあう象意に分類します。兄弟、子孫、妻財、官鬼、父母がそれに当たります。

装卦は解釈の際に、どの場所に焦点をあてるか教えてくれます。たとえば、もし質問がお金に関係するものでしたら、六爻の中の才（財）の爻の強さを解釈する時に注意して分析します。同様に、父親の病気に関する質問でしたら、六爻の父母として割り当てられた爻に集中することができます。もしこの爻が強いならば、父親は健康的で、病気は重篤には到らないと簡単に結論を出せます。

六親（五神）について

五神とは、父・才・官・子・兄の五つの相生相剋の関係より成り立ちます。日本では六親と呼ぶことが多いようです。

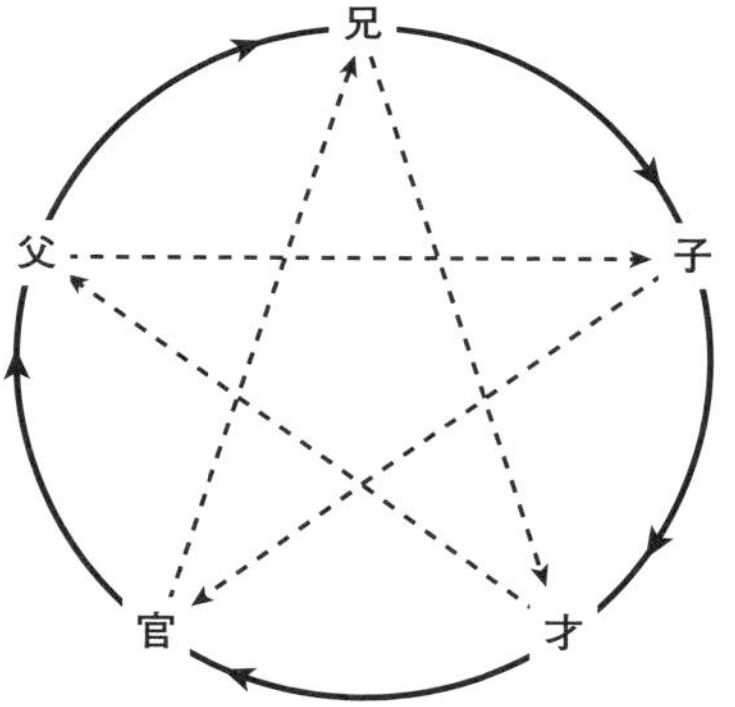

父（父母）：宮卦の五行を生じる五行。両親、教師、師、家、手紙、衣服、契約、教育、困難。

才（妻財）：宮卦の五行によって剋される五行。妻、従者、物質的な対象。

官（官鬼）：宮卦の五行を剋する五行。地位、夫、強奪者、役職、圧力、責任、病気、心配。

子（子孫）：宮卦の五行によって生じる五行。財産、医者、ペット、動物、生徒。

兄（兄弟）：宮卦の五行と同じ五行。兄弟姉妹、友だち、競争相手。

易占と暦の関係

ところで、爻の五行が強いか弱いかをどのように私たちは知ることができるでしょうか。これを決めるために、まず中国の暦を理解する必要があります。というのも易占を行った日が六爻卦のそれぞれの爻の中に割り当てられ、五行の強さに影響するからです。

中国の暦に関して、まず広く知れわたった誤解を解消する必要があります。多くの人々は、中国暦は「太陰暦」であると考えています。というのも、中国が「旧暦の正月（春節）」を祝うからです。しかしこれは正しくありません。中国では基本的に二つの暦のシステムを使います。一つは太陰暦で地球の周りを回る月の動きを基にしています。もう一つは太陽暦で太陽の周囲を回る地球の動きを基にしています。

太陰暦は地球と月の動きを示しています。月の周期は一月と考えられます。もし月が一二回地球の周りを回ると、旧暦の一年となります。しかしながら、月は二九日から三〇日で一周期を終えます。旧暦の一二カ月は三六〇日ほどしかありません。そのように、太陰暦は太陽暦の一年である三六五・五日に対して六日ほど短くなっています。

その差を埋めるために、太陰暦は三〇日の差が出た時に、余分な月を足します。それゆえある年において太陰暦は一三の月を持ちます。このように太陰暦は人工的で恣意的です。占いの目的として使う暦としては相応しくありません。

農民暦について

中国は「農民暦」と呼ばれるもう一つの暦のシステムを持ちます。これは太陽暦であり太陽の周りを回る地球の動きを基にしています。太陽暦の一年は地球が太陽の周りを完全に一周する時間によって定義され、それは約三六五・五日です。

これは私たちが現在使っている西洋のグレゴリオ暦と似ております。四季と一致させるために、農民暦の一年は西洋暦でいう二月四日もしくは二月五日から始まります。これは春分の一・五カ月前に当たります。そのため、農民暦の最初の日は「立春」と呼ばれます。農民暦は、四季の人間に対する影響を表すため、中国人が占いや風水、四柱推命や易の際に使用する暦です。

また、農民暦は単なる年月日を記録する数字の暦ではありません。この暦の特徴は五行の情報も含むことです。暦の上の時間の単位である年月日時は二つの漢字で表され、一つがもう一つの上に来ます。上に来る漢字は天干《てんかん》と呼ばれ、地球を越えた宇宙からの五行の影響を反映します。下の漢字は地支《ちし》と呼ばれ、惑星である地球の影響を反映します。

十干と十二支

次の表は農民暦に見られる十の天干（十干）と十二の地支（十二支）の基本的特徴を述べています。これらの漢字は一組になって現れ、すべての時間における天地からの影響を反映します。たとえば、二〇〇〇年は「庚辰」で表され、中国では黄金の龍としてよく知られています。しかし、専門的にいえば、土の五行の上に金の五行が座している年であります。

五行相生《そうしょう》・相剋《そうこく》

中華超心理学の基本的な哲学はこの世界のすべてが金・木・水・火・土の五行によって成り立つということです。これらの五行はそれぞれ相互作用し、変化と前進を引き起こします。それゆえ暦は時間が変わるごとに、そのような五行がどのように世界に対して影響

十干と十二支

天干	
甲　陽木	己　陰土
乙　陰木	庚　陽金
丙　陽火	辛　陰金
丁　陰火	壬　陽水
戊　陽土	癸　陰水

十二支	
子　陽水	午　陽火
丑　陰土	未　陰土
寅　陽木	申　陽金
卯　陰木	酉　陰金
辰　陽土	戌　陽土
巳　陰火	亥　陰水

を与えるかを示します。

五行はすべての構成物というだけではありません。五行には基本的な秩序と法があります。これは「相生のサイクル」と「相剋のサイクル」と呼ばれます。これらは以下のように表されます。

これらの二つのサイクルは五行間の二つの種類の基本的関係を示しています。相生のサイクルは調和的関係で、一つの五行がもう一つの五行を生じる母が子を産むような関係です。相剋のサイクルはそれとは反対の種類の関係であり、一つの五行がもう一つの五行を剋する、制御する、支配する関係を示しています。

五行と暦

五行間の関係を理解することにより、農民暦の五行は意味を持ち始めます。たとえば、二〇〇〇年は土の上に金がのっている年です。土は金の生みの親であり、相生の調和的サイクルの中にあります。それゆえ、その二つの五行が一緒にいることはその年が平和で調和の取れた年であることを示しています。

五行相生相剋
五行：金、木、水、火、土

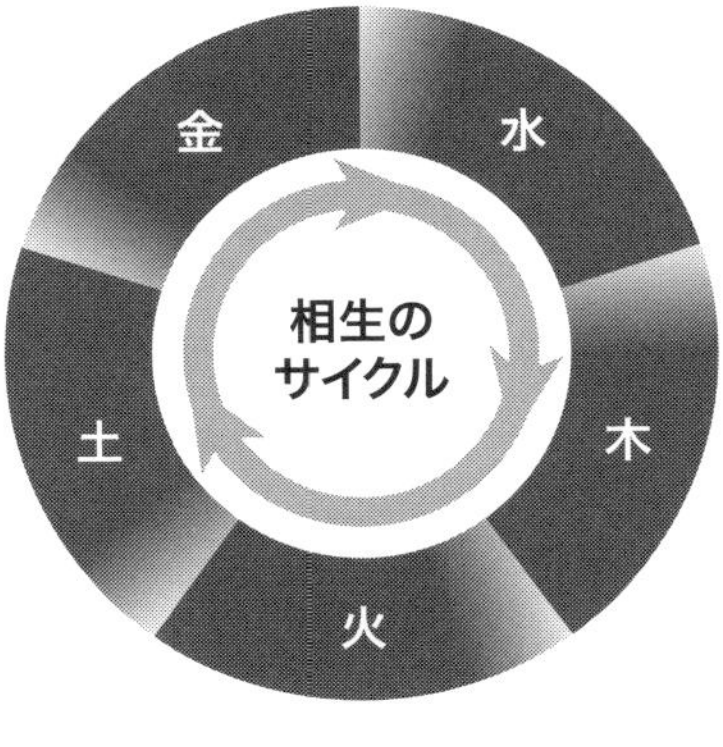

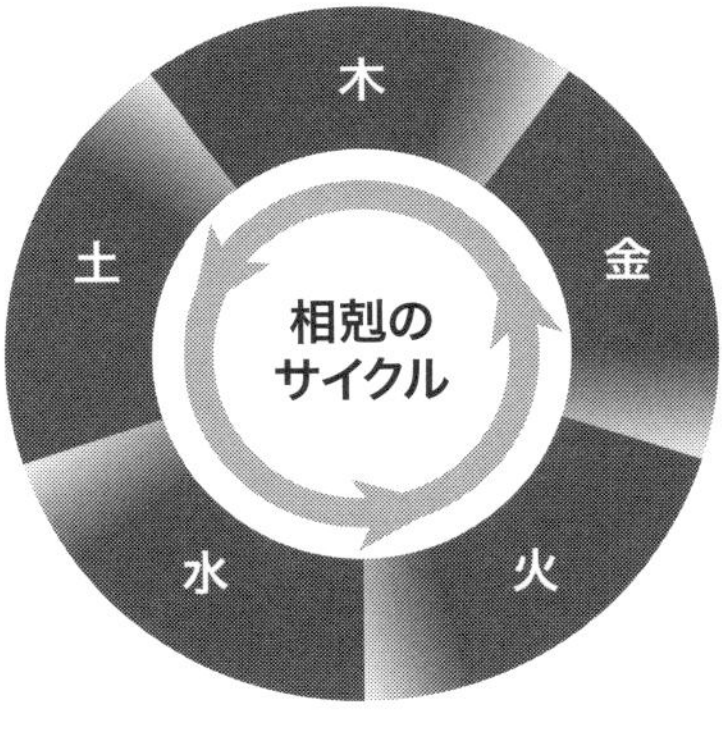

暦における五行、二〇〇〇年を例として

二〇〇〇年は重大な国際間の紛争はなく、南北朝鮮半島でも統一に向けた交渉が始まりました。前年の一九九九年は土が木の上にのっている年でした。これら二つの五行は相剋のサイクルの中にあり、木が土を剋します。結果的に一九九九年は不調和と紛争の年でした。コソボで戦争があり、インドとパキスタンの間で紛争があり、ロシアではエリツィンの後継をめぐる摩擦が生じ、東ティモールで独立への住民投票が行われました。そして重大な地震の年でもありました。というのも木が土を下から攻撃しており、土が安定していないことを示しているからです。

易の題目に戻ると、文王卦による易占をする際には、農民暦で月日を記録する必要があります。なぜかというと、占いを行うその日に及んでいる五行は六爻卦の解釈に強い影響を及ぼすからです。

たとえば、文王卦において、それぞれの爻に五行を当てはめます。もし易占が、農民暦の火の月である五月の火の日に行われたとすると、六爻卦の火に当たる爻はとても力が強くなります。火は土を生じるので土の爻も強くなるでしょう。そのように、求められている質問が火や土に対して好ましい場合、質問の答えは肯定的なものになるでしょう。

つまり、六爻卦を得るためにコインを投げる以前に、農民暦で表される月日の五行を記録しておく必要があります。二〇〇五年から二〇一五年までの一一年分の農民暦は付録としてこの本の巻末についております。また、西洋暦の日からどのように五行の形式に直すかという方法も簡単に説明しております。

四、十二支を理解する

さて、農民暦の簡単な導入部分はすでに説明しました。それは文王卦の易占においてとても重要な道具の一つです。農民暦は天干、地支によって時を記録するために使います。天干と地支は五行の象徴で、それゆえ天干と地支の組み合わせはその時々のいろいろな影響を明らかにします。

天干と地支を理解して利用する技術の一つを四柱推命と呼び、出生情報つまり年月日時を五行に変換して人の運を明らかにします。ただし、易占の目的のためには、詳細な時間の要素を考慮に入れる必要はありません。必要なものは易占が行われる月の地支と、その日の天干と地支です。したがって農民暦の中では十二支をすべて理解する必要があります。

十二支は中国占星術の一二の動物でよく知られていますが、黄道と呼ばれる想像上の円周期を一二個に割った三〇度を意味しています。黄道とは天球上における太陽の見かけの軌道です。西洋占星術では黄道帯といいます。黄道帯は一二の星座をそれぞれの三〇度に当てはめます。中国でも同じ方法をとり、それを一二の動物または十二支と呼びます。ただし西洋の十二宮星座と十二支を直接一致させることはできません。というのも始まりの場所と分岐点が違うからです。

十二支は太陽の周りを回る地球の軌道の一二区分を示しています。これらは一年の一二カ月を反映しています。次の図は十二支がどのように四季にグループ化されているかを示しています。

それぞれの十二支が五行によって分類されることから、春は木の五行が及んでおり、火が夏を支配し、秋には金が強く、冬は水の五行であることがわかります。土はある季節の三番目の月に現れます。というのも土の五行はすべての季節に及ぶ最も重要な五行だからです。

西洋占星術では十二宮星座にはコンジャンクション、オポジション、トラインの関係があります。同様に中国占星術において、十二支は特別な関係を持ちます。易占においてよく使われるのが六冲六合の関係です。

相冲

次の表が冲《ちゅう》を起こす地支を表しています。

冲を引き起こす地支の動物は争いと不調和の組み合わせといえます。十二支を順番に数えていくとき、どの動物からはじめてもかまいませんが、ある動物から七番目に来る動物が、数えはじめた

四季に分けられた十二支

農民暦の月と支	五行	四季	節気	西洋暦
1　寅	木	春	立春	2月4日頃――　3月5日頃
2　卯	木	春	啓蟄	3月6日頃――　4月4日頃
3　辰	土	春	清明	4月5日頃――　5月5日頃
4　巳	火	夏	立夏	5月6日頃――　6月6日頃
5　午	火	夏	芒種	6月7日頃――　7月7日頃
6　未	土	夏	小暑	7月8日頃――　8月7日頃
7　申	金	秋	立秋	8月8日頃――　9月7日頃
8　酉	金	秋	白露	9月8日頃――10月8日頃
9　戌	土	秋	寒露	10月9日頃――11月7日頃
10　亥	水	冬	立冬	11月8日頃――12月7日頃
11　子	水	冬	大雪	12月8日頃――　1月5日頃
12　丑	土	冬	小寒	1月6日頃――　2月4日頃

ときの動物と冲を引き起こします。これを相冲といいます。たとえば、子を一番目として数えはじめると、七番目は午に当たります。午は子と冲の関係になる動物です。

地支の冲の関係は四柱推命の中では重要な意味を持ちます。冲とは紛争や戦いを示します。昔から、生まれ年の動物が冲を起こす結婚相手やパートナー同士は、相容れないと考えられてきました。また出生年が現行の年と冲を起こす場合、その人が現行の年を怒らせるといわれ、冲を起こす年には事故または多忙な変化、そして引っ越しなどが起こるであろうと考えられていました。

地支の冲の関係

子（陽水）——午（陽火）
丑（陰土）——未（陰土）
寅（陽木）——申（陽金）
卯（陰木）——酉（陰金）
辰（陽土）——戌（陽土）
巳（陰火）——亥（陰水）

四柱推命を真剣に学ぶ人は、この考え方は常に正しいとは限らないと気づいています。しかし、冲に注意を向けることは必要です。その人の人生に変化を引き起こす可能性があるからです。

易では六爻卦の解釈の中で地支間の冲は重要な側面を持ちます。もしある爻がその日の地支と冲を起こしている場合、そして冲にある爻が弱い場合、この冲が意味することは、その爻が粉砕され、もはや使いものにならなくなるということです。しかしながら、冲にある爻が、月の五行に助けられて強い場合、この冲にある爻は活動的で有用であると考えられます。たとえそれが動爻でなくてもです。

たとえば、易占をした日が申日だとします。申は金の五行です。そしてその月が木の卯の月の三月だとします。もし六爻卦の寅——木の爻がある場合、その木は三月にはとても強いといえます。そのため金の申日が木の寅と冲を起こしても、寅の爻は有用で活動的です。

しかし、もし申と寅の冲が八月――金の月に起こった場合、木の爻は使いものにならなくなります。というのも金の月が木を抑えつけるからです。

相合（六合）

十二支において、相冲とは反対の関係が合の関係で、二つの地支が調和的にもう一方と引きつけあいます。上の表は合の関係の動物の組を表しています。

地支の合の関係

子（陽水）	――	丑（陰土）
寅（陽木）	――	亥（陰水）
卯（陰木）	――	戌（陽土）
辰（陽土）	――	酉（陰金）
巳（陰火）	――	申（陽金）
午（陽火）	――	未（陰土）

合の関係はよい兆候と考えられ調和を意味しますが、ある五行の機能が他の五行によって妨害されることも意味します。それは六爻の有効な爻が日または月の五行と合をする際に起こります。そのような状況では易占が行われた現在の時において障害があると解釈されます。しかしながら将来冲によって合の関係が壊れた時に、また成功のチャンスが巡ってきます。

たとえば、六爻の中の丑（土）の爻が子（水）の爻と合をしているとすると、丑の爻は一時的に使いものにならなくなることを意味します。そのような合の関係は、午の日が来た時に、午と子が冲を起こすことにより、壊れます。そして土の丑は子との合の関係から解放され、再度有用になります。

六爻卦の五行中にある、冲や合の関係を考察することにより、文王卦の答えになる情報を付加することができます。

五、金銭卦——三つのコインを振って六爻卦を得る

易占の全体的な主題は六爻卦から情報を得ることです。それゆえ易占を行う過程の最初のステップは六爻卦をつくり出すことです。それによって一つの質問に対する答えが導き出されます。

六爻卦を得るためにはいくつかの異なる方法があります。筮竹を使った方法と、梅花易数の二つの独特な方法は紹介しました。前者は五〇の筮竹の束を使い、それらを天地人に分けます。後者は出来事のタイミングを捉え、その時を番号に変換し、その番号を六爻卦に翻訳します。

ただし、これら二種類の六爻卦を得る方法は、今日においてもはや一般的ではありません。ここでは、三番目のやり方を紹介します。それは一番便利で実用的であると考えられています。これは三つのコインを振って六十四卦の中の一つ、六爻を得る方法です。

易占とはある質問に対する答えを見つけることです。質問なしには答えを見つけることができません。そのように三つのコインを振る方法（金銭卦）についてお話しする前に、よい質問を用意することが必要条件となります。

易への問いかけ

質問の仕方がよい答えを得るための重要な鍵となります。易から求められる答えは言葉で表されているわけではありません。それは抽象的であり、訓練されていない目では容易に理解できない、六爻の形式で表さ

れます。

もし複雑な質問がなされた場合、六爻は複雑なメッセージを示すことになりますから、解釈が難しくなるでしょう。一方、質問が単純で明確な場合、六爻で明らかにされる答えも単純明快になるでしょう。よい質問を立てることが易占をする際に必要不可欠となります。


それではよい質問とはいったいどういうものでしょうか？

それは正確であり、特定され、明快な質問を指します。そして時間の概念も含む必要があります。

たとえば、就職のことを調べる場合、単に「私の就職の見込みは？」という質問はよくありません。「就職の見込み」というのはとても広い意味を持ちます。あなたはお金を望んでいるのでしょうか？それとも職場環境、昇進、自由度、または職業満足度を望んでいるのでしょうか？

もし目的がお金に関係するならば、あなたの職業における「金銭面」についての質問に特化したほうがよいでしょう。さもなければ、コインを振って出た六爻卦の解釈の際に焦点を欠いてしまうでしょう。時間枠を質問の中に加えることも必要不可欠です。


仮に、金銭面について質問をし、六爻卦が肯定的な答えを出したとしましょう。しかし、時間の概念を入れないと、いつお金を得るかが明確にはなりません。二、三日間のうちの短い期間についての答えでしょうか？もしくは二十代の人が五十代後半になるまでの長期的な答えでしょうか？

残念ながら、答えの中に手がかりはないでしょう。というのもあなたが時間枠を設けなかったからです。

それゆえよい質問とは、「私の六カ月以内の金銭面はどうですか？」となります。

よい質問をするための指針は以下のとおりです。

質問はできるだけ明確に特定されるべきです。一回に多くの質問をするべきではありません。

自分自身の目的に自分の質問が適合しているかよく考えましょう。これはとても重要で、もし、自分自身の目的が定かでなかったら、要領を得ない質問をするかもしれません。それゆえ明確な目的を考える必要があります。

たとえば、ある人がある価格以上で家を売りたいとします。その場合、単純に「今年家が売れるでしょうか?」と質問するのはよくありません。なぜなら、家を売ること自体が目的ではないからです。質問の裏にある本当の目的は、「今年家が希望した値段で売れるかどうか?」だからです。鍵となる要素は金銭面であって売買自体ではありません。

用神《ようじん》について

質問をする前に、可能な答えを最初に考えておきましょう。答えを探すために六爻を解釈する際、あなたが焦点を当てるであろう分野を見極めましょう。

もしあなたの質問がビジネスに関係するならば、「才(妻財)」に焦点を当てることになるでしょう。もしあなたの質問が特定の人、たとえば母親などに関するものならば、その場合焦点は「父(父母)」となるでしょう。この解釈の際に焦点を当てる領域を「用神」と呼びます。用神を見極めることなしに、六爻から明確な答えを引き出すことは難しいでしょう。

明確でよい質問を立てた後でも、六爻を得るに当たってコインを振る前にやらなくてはいけない準備があります。古代において、易占を行うことは何か神聖なものであると考えられていました。易占を行う前に、お風呂に入ったり、手を洗ったり、線香を立てたりすることを勧める先生もいますが、もはや一般的でありません。

そこで私は、コインを投げる前に手を洗い、静かな場所を見つけて座り、安らかな心になることを勧めています。ベルが鳴らされたり、ドアがノックされたりすることはあなたの集中力を逸らすので、そういったことが起こるともう一度最初からやらなくてはいけなくなる場合があります。

静かで安らかな環境に座ることで、その人は質問に心の中で集中することができます。それがあなたの知人に関することならば、その人の顔を心の中で思い浮かべましょう。そして三つのコインを手に持ちコインを投げてみましょう。

金銭卦の実践

コインを投げる過程を説明する前に、注意すべきポイントが二、三あります。最初に、質問を頭に思い浮かべるときに、誰があなたの質問を受けて答えるのかという問題があります。易占は宗教ではありません。無意識を通して自然から情報を軽く叩いて出すような考え方です。そのように母なる自然に質問を投げかけることができます。あなたの質問に答えるために、特定の神を持つ必要はありません。ただし、信心深い人々が、彼らの信じる神に向けて質問を投げかけるほうがよいと感じる場合は、それでもまったく問題ありません。

それではコインを投げる段階にはいります。易占でよく私たちが使う三つのコインは清王朝時代のものです。裏と表があります。表には絵と象徴記号があります。裏には皇帝の名前を刻んだ四文字の漢字があります。もしそのようなコインが手に入らないならば、どの国のどの金属のコインでもかまいませんが、常に同じコインの一組を使うことをお勧めします。

他の道具と同じく、同じ道具をあなたが使えば使うほど、あなたによりよく仕えるようになります。コインはしばしば亀の甲羅の中に保管されます。というのも亀は長寿の瑞獣《ずいじゅう》であると考えられているからです。その

三つのコインから出る四つの結果の可能性
三つのコインを振って六爻卦を得る

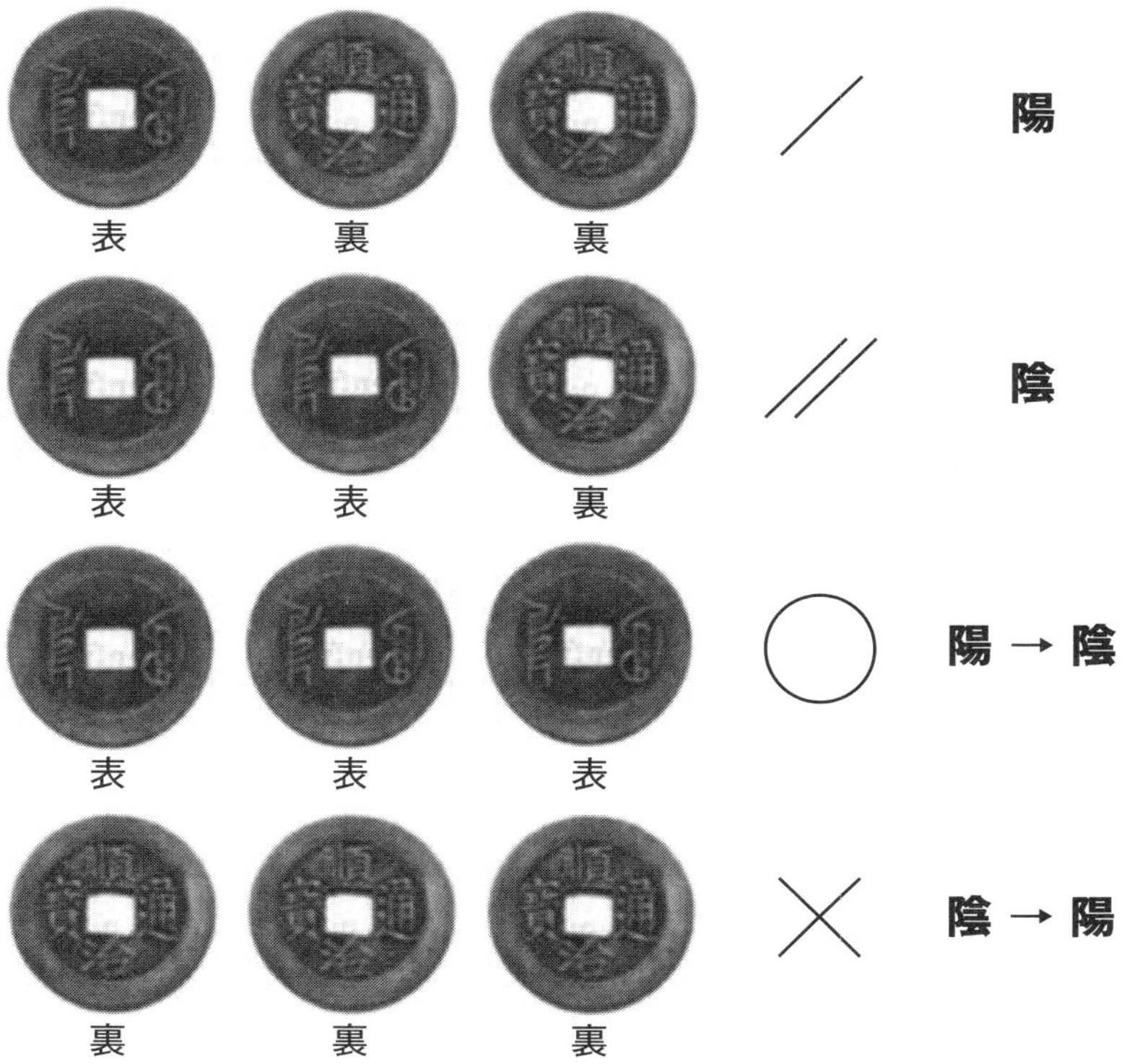

ため中国の占い師はコインを亀の甲羅に保管するだけでなく、コインを投げる前に甲羅の中でコインを混ぜます。

ただし、私の好みをいうと、三つのコインは手の中で振ります。そうするとコインに触れることができますし、甲羅の中で振るよりも音がうるさくないからです。

すべての用意が整った後、綺麗な紙と色つきのペンを自分の前に置くことを忘れてはいけません。そしてコインを振るときの月と日を、萬年暦を使って割り出し、書き留めましょう。

三つのコインを一緒に振る場合は、前ページのように四つの可能な組み合わせがあります。

一回投げるごとに直線や破線を描くことは面倒でしょう、それゆえ専門家は簡単で便利な簡略化した記号を用います。裏が二つで表が一つの場合の点（／）は陽爻を示します。二つの点（//）は陰爻を示します。表が二つ、裏が一つの結果からきます。円（○）は陽爻が陰爻に変わることを示しており、三つとも表が出た場合です。最後の可能性は×で陰爻が陽爻に変わることを示し、三つのコインがすべて裏の場合です。

三つのコインを六回振ることによって六つの記号が得られました。六爻卦は○と×で表される動爻とともに出来上がります。次のステップは装卦といい、解釈をする前に行います。

世爻と応爻を六爻に割り当てる

装卦について

三枚のコインを六回振った後、破線の陰爻と直線の陽爻、そして陽爻から陰爻、もしくは陰爻から陽爻に変わる動爻によって、六爻が出来上がります。

学問的な解釈法としては、『易経』を参照し、同じ六爻卦を見つけ、それに対する卦辞・爻辞を読みます。その過程はとても単純です。しかしこの解釈法の欠点は文王と孔子の書いたものが、現代の質問に対して適切に答えられることがめったにないことです。そのため多大な主観的想像力を使って、質問と本文をつなぎ合わせる必要があり、結果はとても主観的で先入観が入る可能性があります。

文王卦はこの本の主題ですが、実際の解釈を始める前により複雑な準備を必要とします。この準備の過程を装卦と呼びます。

装卦は六爻のそれぞれの爻に、六爻の意味を深める情報内容を付加していく作業です。そのような装卦によって六爻のそれぞれの爻は異なる意味を持ち、それぞれが生きてきます。そのような装卦は六爻の隠れたメッセージの深い理解を助けるだけでなく、私たちが質問に関係する答えを探すための焦点を与えてくれます。

たとえば、装卦の後、六爻のそれぞれの爻を五神で分類することができます。つまり、才、官、子、父、兄です。もし質問がお金に関係するものであるならば、才に割り当てられた爻に焦点を当てればよく、明確な形で金銭面がプラスかマイナスか、という答えを得ることができます。

文王卦の包括的解釈を行うために、これから説明する詳細な装卦のステップを踏んでいかなくてはいけません。

装卦のための四つのステップ

ステップ1．世爻と応爻
ステップ2．十二支を六爻に割り当てる
ステップ3．五神（才、父、子、兄、官）を六爻に割り当てる　＊六親ともいう
ステップ4．六獣を六爻に割り当てる

ステップ1．世爻と応爻

まずは世爻と応爻について考察しましょう。世爻と応爻は六爻卦の中のとても重要な二つの爻を指しています。世爻は質問をしている人を表します。たいていそれはその人の運の状態を表します。応爻は質問内の関心事を象徴します。

たとえば、仕事上の取引を結ぶチャンスに関して尋ねたい場合、世爻は私たち自身を指し、応爻は仕事上の取引を指します。

世爻と応爻を使う最も一般的な方法は、二つの競合するグループを巻き込む質問をするときです。二つの会社があるプロジェクトに競争入札をする際、もしくは二つのチームがサッカーの試合をする際、世爻は一方のチームを表し、応爻は敵もしくは競争者を表します。

世爻と応爻の位置は異なる六爻において場所がさまざまに変わります。それらの位置は八つに分類される、六十四卦の表の中に見出すことができます。それぞれが八つの数字が六爻をもつ宮卦に代表されます。

世爻の例解~乾為天

例として一番簡単な六爻である「乾」を見てみましょう。

乾（天）の下に来る八つの六十四卦を考察してみましょう。一番上の六爻卦は「乾（天）の上に乾（天）」があり、「乾《けん》・乾為天《けんいてん》」と呼ばれます。次の六爻卦は「姤《こう》・天風姤《てんぷうこう》」で六爻の乾の初爻（一番下の爻）を陽爻から陰爻に変えることによって生まれます。それゆえ、「姤」の世爻は初爻（一番下の爻）となります。

「姤」の次に来る六爻卦は「遯《とん》・天山遯《てんざんとん》」です。これは「姤」の二爻を陽爻から陰爻に変えることによって生まれますので、「遯」の世爻は二爻となります。

世爻は実際のところ、同じ宮の中で、新しい爻をつくるために宮卦を変化させる位置の爻のことです。ある六爻卦の世爻を見つけるためには、六十四卦の表の同じ六爻を見るとわかります。左の縦列の番号は、その番号の横列の六爻卦の世爻の位置を表しています。

乾・乾為天の宮

世爻	卦 乾（天） ☰		
6	乾《けん》	乾為天《けんいてん》	䷀
1	姤《こう》	天風姤《てんぷうこう》	䷫
2	遯《とん》	天山遯《てんざんとん》	䷠
3	否《ひ》	天地否《てんちひ》	䷋
4	観《かん》	風地観《ふうちかん》	䷓
5	剝《はく》	山地剝《さんちはく》	䷖
4	晋《しん》	火地晋《かちしん》	䷢
3	大有《たいゆう》	火天大有《かてんたいゆう》	䷍

世爻と応爻の見つけ方

それでは例を見てみましょう。三つのコインを六回振ったあと、下の六爻卦が得られました。

六十四卦の表（33ページ）の中で、この六十四卦「家人」の外卦は「巽（風）」で巽と書かれた列の上から三番目の位置にあり、対応する左の世爻位置の番号2となり、この番号が「家人」の世爻の位置を示しています。

六十四卦に不慣れな読者にとって、表の中から相当する六十四卦を探し出すことは容易ではありません。相当する六十四卦を素早く簡単に探すために、私は近道になる表を用意しました。それは番号の組み合わせによって六爻の記号を代用することです。

左の番号は上卦を示し、右の番号が下卦を表します（70ページの簡易六十四卦表を参照）。

六爻卦「家人　風火家人」

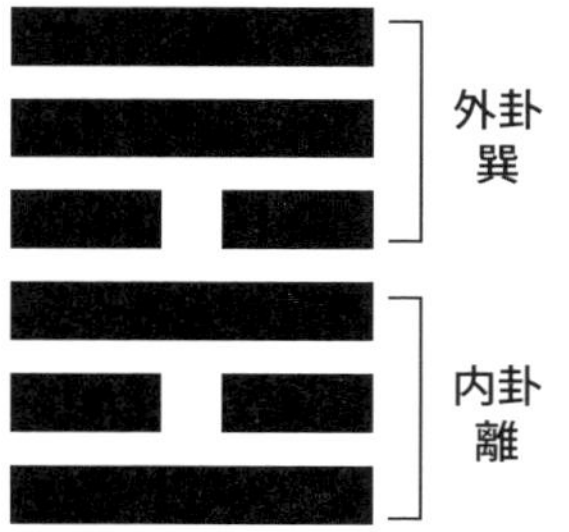

「家人」の場合は、外卦が巽で卦の数が5、内卦が離で卦の数が3となり、53と表記され、その数字の左端に書かれた2が世爻の位置となります。

たとえば、六十四卦の「旅・火山旅」䷷（離（火）が艮（山）の上にある）を見てみましょう。まず表の一番上を見ます。外卦の離（火）は3に相当し、内卦の艮（山）は7に相当します。離（火）が艮（山）の上にある卦は37で表されます。そして世爻の位置は1で初爻であるとわかります。

世爻を見つけた後、応爻の位置を探すのは比較的楽な作業です。応爻は世爻から二つ離れた爻で定義されます。それゆえ世爻が一番目の爻であるならば、応爻は四爻です。二爻と三爻が世爻と応爻の間に入ります。

世爻と応爻の使用法

世爻と応爻はどのように使うのでしょうか？

最良の方法は、同じ目的のために競争している二つのグループの強さを比較するときです。たとえば、一一月のある日、サッカーの試合が二つのライバル同士のチーム間（チームAとチームB）で行われるとします。

そして私たちが、チームAの勝つチャンスの有無を予測したいとします。

世爻と応爻の実用法

私たちは三つのコインを六回投げることで一つの六十四卦を得ることができます。易占を行う日を「日《にっ》晨《しん》」と呼びます。この場合は、水の日とします。そして、易占を行う月を「月建《げっけん》」と呼びます。この場合、火の月に行ったと仮定しましょう。日晨と月建については後述します。そして次の六十四卦が出ました。

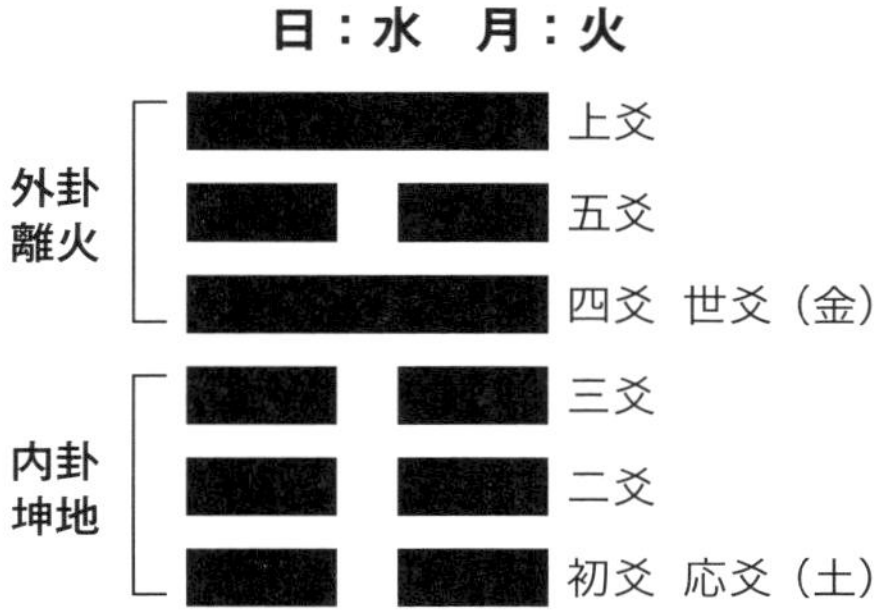

表をもとにすると、外卦の離（火）が内卦の坤（地）の上に来る六十四卦は番号に変換すると38となり、表を見ると四爻に世爻があると示しています。それゆえ応爻は2爻離れた初爻であることがわかります。
五行をそれぞれの爻に割り当てることができます。詳細は次の章で説明しますが、それぞれの爻に五行を当てはめた後に、四番目の爻である世爻が金の五行であり、最初の爻である応爻が土の五行であることがわかります。
世爻がチームAを表しており、日晨の水と月建の火がともに金をサポート

簡易六十四卦表

世爻＼宮卦	8	7	6	5	4	3	2	1
	☷	☶	☵	☴	☳	☲	☱	☰
	坤 （地）	山 （艮）	坎 （水）	巽 （風）	震 （雷）	離 （火）	兌 （沢）	乾 （天）
6	88	77	66	55	44	33	22	11
1	84	73	62	51	48	37	26	15
2	82	71	64	53	46	35	28	17
3	81	72	63	54	45	36	27	18
4	41	32	23	14	85	76	67	58
5	21	12	43	34	65	56	87	78
4	61	52	83	74	25	16	47	38
3	68	57	86	75	24	13	42	31

＊表内の２ケタの数字のうち、左が外卦、右が内卦を表す

しないために、世爻がとても弱いということがわかります。一方、チームBは土の五行を持つため、月の火が土を生じるために強くなるでしょう。このようにチームBが勝つチャンスがあり、チームAは試合に負けるであろうと予測できます。

六十四卦が意味をなすためには、それぞれの爻に十二支を割り当てる必要があります。その十二支が五行を代表するのです。どのように十二支を割り当てるのかは、次で紹介します。

世爻の例

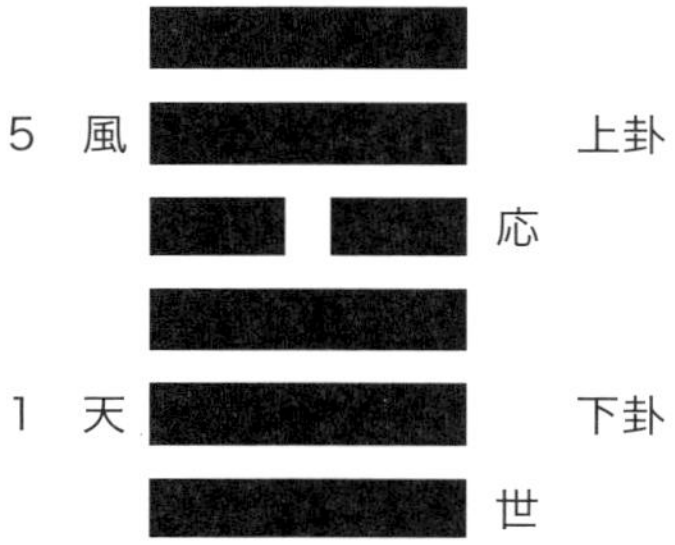

↓

５１の番号

↓

㊀世 世が１（下から）

↓

応 世を含み４つ移動した爻となります

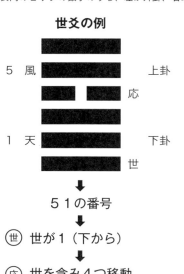

ステップ2．十二支を六爻に割り当てる

文王卦の本質は、解釈を助けるために、六爻のそれぞれの爻に意味が割り当てられることです。それぞれの爻には五神、つまり、才、官、子、父、そして兄が割り振られます。

質問が金銭に関係するものであれば、すぐに才が割り当てられた爻に焦点を当てることができ、その爻の強さを解釈することによって、金銭に関する質問で、見込みが肯定的であるか否定的であるかの答えを導き出すことができます。

五神は五行である、水、金、火、木、土の関係からやってきます。そしてそのような五行は農民暦のシステムの地支からやってきます。五神を爻に割り振る以前に、最初に十二支を爻に割り当てる必要があります。十二支を爻に割り振ることは文王卦において最も重要なステップです。十二支は五行であり、冲と合の特徴を持ちます。爻に割り当てられた十二支の五行関係を調べることにより、五神を引き出すことができます。地支の冲や合の関係を観察することにより、爻の中に存在する自然の変化や移動を理解することができます。

十二支を六爻に割り振ることに対し、簡単な方法はそれぞれの六爻卦の表を確認することですが、背景の公式を知っておくことを勧めます。そうすることによって装卦が素早くできるようになります。この背景となる公式を学ぶことは、八卦の深い知識を得るために必要不可欠なことです。

(1)八卦：

八卦のそれぞれは家族のメンバーを象徴しています。八卦は二つのグループに分けることができます。一

つは男性もしくは陽のグループで、もう一つは女性もしくは陰のグループです。

陽（男）

☰ 乾（天）――父
☳ 震（雷）――長男
☵ 坎（水）――次男
☶ 艮（山）――三男

陰（女）

☷ 坤（地）――母
☴ 巽（風）――長女
☲ 離（火）――次女
☱ 兌（沢）――三女

これらの八卦を調べる前に、爻の数え方は下から数えていくということをもう一度明記しておきます。一番下が下爻、一つ上の爻が中爻、一番上が上爻となります。直線が陽もしくは男性、破線が陰もしくは女性を象徴します。

それぞれの八卦を注意深く観察すると、家族のメンバーを八卦に割り当てる論理を簡単に見つけられるでしょう。父は家族の中で一番強い男性なので、彼の八卦は三つの陽爻で構成される「乾（天）」で象徴されます。同様に母は一番強い女性なので、三つの陰爻で構成される「坤（地）」で象徴されます。家族の他のメンバーの八卦は陽や陰の爻の位置で決まります。

たとえば、長男の場合、「震（雷）」で表されますが、それは最初の爻が陽爻であるからです。次男は「坎（水）」で表され、第二爻が陽爻です。

女性の側も同じルールが当てはまります。巽（風）は下爻が陰爻であり、長女を表します。離（火）は中爻が陰爻なため次女を表します。兌（沢）は上爻が陰のため、三女を表します。

(2)六十四卦：

主要な六十四卦を考察してみましょう。乾（天）の上に乾（天）がある「乾・乾為天」と坤（地）の上に坤（地）がある「坤・坤為地」です。

これらの二つの六十四卦には十二支が割り当てられます。陽の動物、もしくは奇数の位置にある動物（子寅辰午申戌）は、父もしくは男性の八卦に割り当てられ、残りの十二支——陰の動物または偶数の位置にある動物（丑卯巳未酉亥）は、すべて女性または母の八卦に当てはまります。

また、十二支を使う際にもう一つの特徴が存在します。この二つの六爻卦に十二支を装卦するとき、陽と陰の動物はある特別な順番によって置かれていきます。父の六爻に対する陽の動物は下の初爻から、子寅辰午申戌の順番で並べられます。

一方、母の六爻に割り当てられる陰の動物はそれとは違う順番で並べられます。陰の動物は順番が逆に進みます。丑亥酉未巳卯の順番です。

十二地支と五行

地支	五行の種類
子	陽水
丑	陰土
寅	陽木
卯	陰木
辰	陽土
巳	陰火
午	陽火
未	陰土
申	陽金
酉	陰金
戌	陽土
亥	陰水

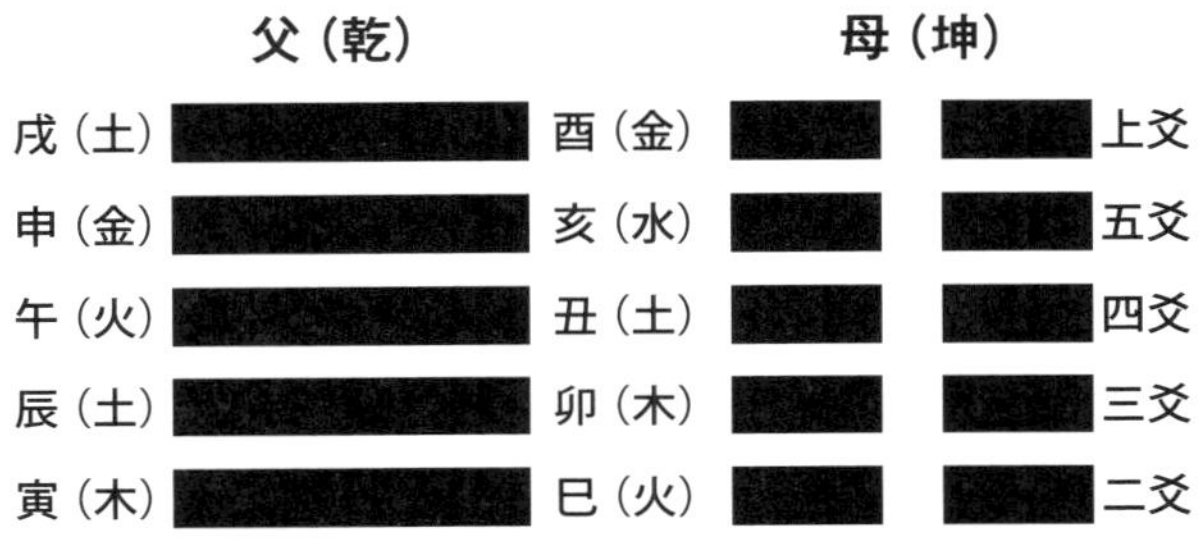

さらにまた、丑は一番下の初爻に来ません、それは四爻から始まります。これは父と母の大きな違いを示しています。

これらが一番重要な八卦なので、それらの地支の装卦には一定基準があり、他の62のすべての装卦はこれをもとに引き出すことができます。この二つの六十四卦の十二支の装卦は記憶しておく必要があります。

他の六つの主要な六十四卦も二つのグループ、長男、次男、三男に分けられます。そして女性側も長女、次女、三女と分けることができます。

十二支が割り振られた六爻は以下のとおりです。

これらの六十四卦の地支は父（乾）と母（坤）の最初の二つの六十四卦にいくつかの修正を加えることによって割り振られています。その修正とは家族の中の息子、娘の位置によって異なります。もしそれが長男の場合、ただ、父（乾）の六つの地支の並び方を使えばよいだけです。地支の並び方は父とまったく同じです。

長男　震（震為雷）

次男　坎（坎為水）

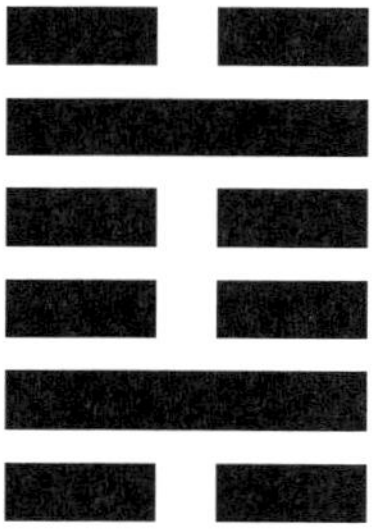

三男　艮（艮為山）

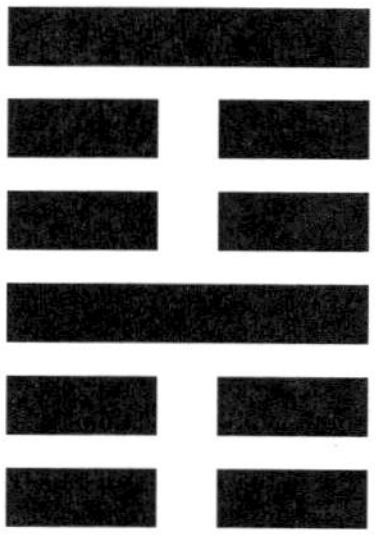

長女　巽（巽為風）

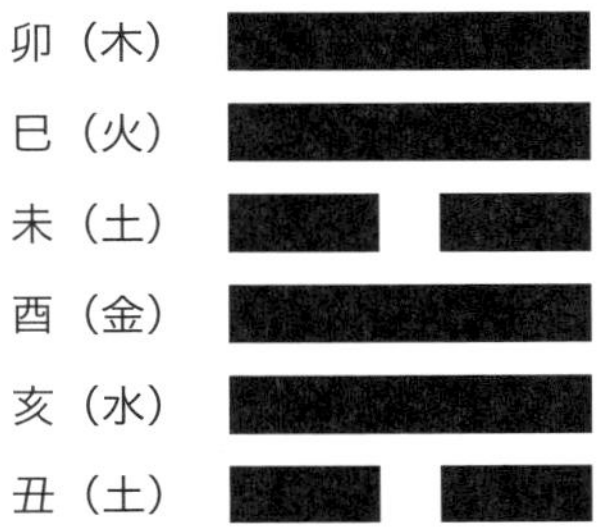

次女　離（離為火）

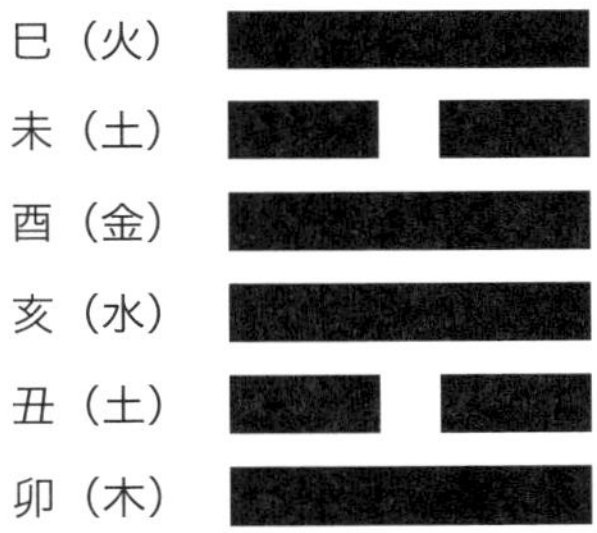

三女　兌（兌為沢）

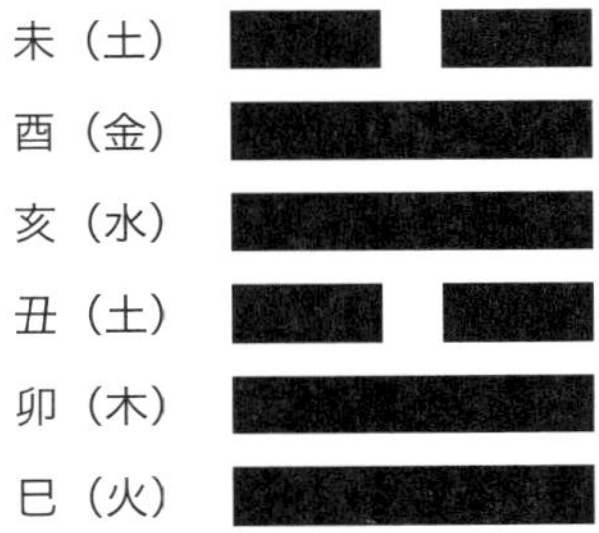

もしそれが次男の場合、初爻は二番目の動物である寅から始まります。そして、二爻は辰となり、三爻は午となり、申、戌、子と続きます。三男の場合、初爻は三番目の動物である辰から始まり、他の地支の割り振りは二つずつ上に上がります。

女性の場合、陰の動物の並び方は常に丑、亥、酉、未、巳、卯の順で行きます。丑の位置がその女性の家族の中での位置を示します。長女の場合、丑が初爻にきます。次女の場合は二爻、三女の場合は三爻に丑がきます。母においては丑が四爻に来るのが例外的といえます。

(3)地支の装卦方法

(2)において示された八つの主要な六十四卦の装卦方法を使うと、他の六十四卦に地支を配当する方法はそれほど難しくありません。

たとえば、外卦が巽（風）で内卦が離（火）の六爻である「家人」を見てみましょう。まずは内卦の離

家人（風火家人）

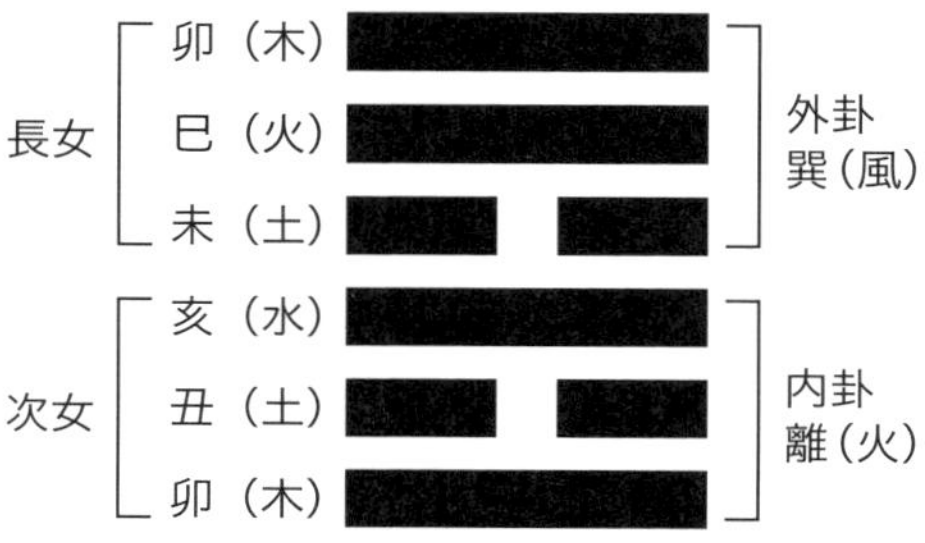

（火）からです。八卦の離（火）は次女を表しています。私たちはまず次女を表す六爻を見てみます。そして内卦の地支をそのまま写し取ります。外卦は巽（風）です。これは長女を表します。それゆえ長女を表す六爻卦を⑵から見つけ出し、上卦の地支をそのまま写し取ります。

出来上がった六爻の地支の割り振りは上の図のとおりです。

⑷動爻の場合：

動爻の意味はある爻が陰から陽へ、陽から陰へ変わるということです。そのような動爻が六爻の中に存在すると、それは元の六爻が新しい六爻に変わるということです。

⑵における地支の装卦方法をみることによって、変化した爻にどの地支を割り振るかを知ることができます。

次の例は「震・震為雷」が動爻を初爻と二爻、五爻に持つ場合の例です。動爻を変爻させた後、「震・震為雷」は「困・沢水困」に変化します。兌（沢）もしくは三女が上の卦となり、坎（水）もしくは次男が下の卦となります。その後、⑵における、三女と次男の六爻をみて、変化した爻（変爻）の地支の割り振りを知ることができます。

震が困に変化する

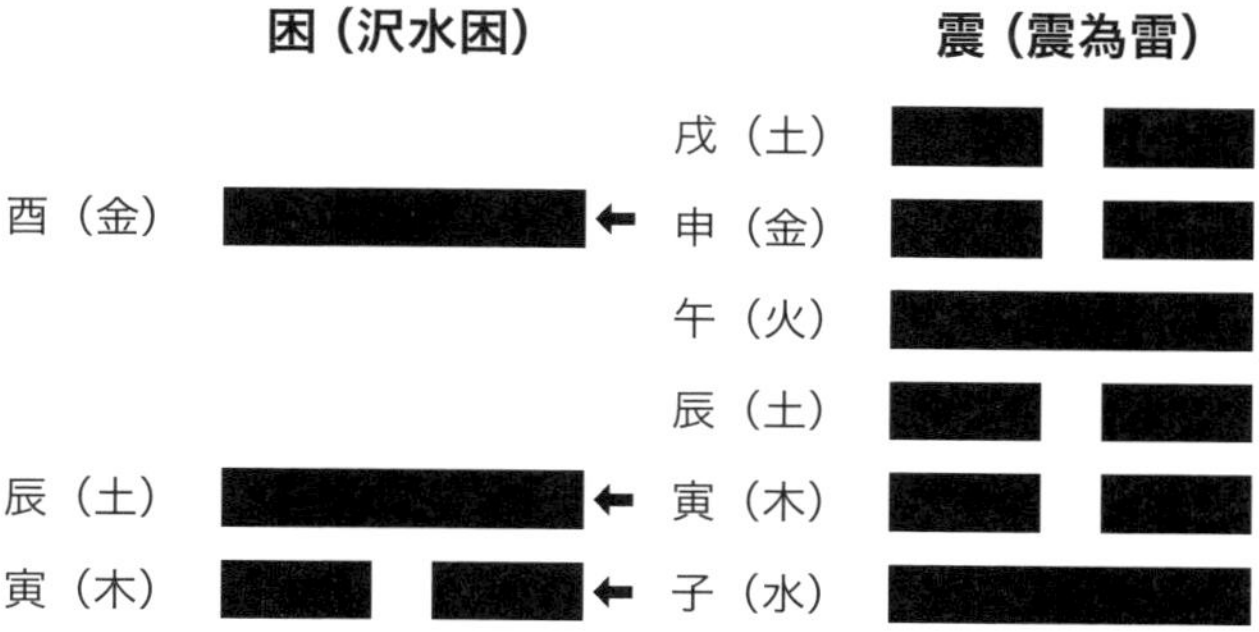

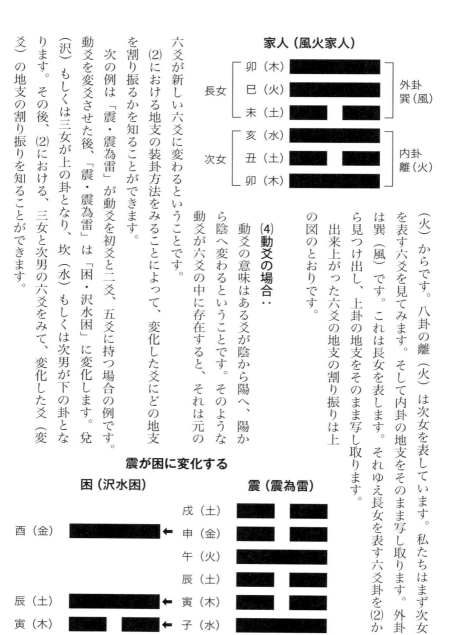

(5)それぞれの地支に対する五行の表

中華農民暦における地支に不馴れな人にとっては、次の表によって、地支に対する五行の性質をみることができます。

地支を割り振る一番の近道は、男性の卦に使われる六つの陽の動物の順番と、女性の卦に使われる六つの陰の動物の順番を覚えてしまうことです。

これら二組の動物の順番は四柱推命を勉強している読者にとっては馴染み深いものでしょう。というのもそれらは二組の動物の六合の関係を示しているからです。

たとえば、子と丑の合、寅と亥の合、辰と酉の合という具合です。

男性の卦のルール

父・乾（天）は最初の動物の子が初爻から始まる。

長男・震（雷）は最初の動物の子が初爻から始まる。

次男・坎（水）は二番目の動物の寅が初爻から始まる。

三男・艮（山）は三番目の動物の辰が初爻から始まる。

女性の卦のルール

長女・巽（風）は丑が初爻から始まる。

陰の卦の順番	
卯	陰木
巳	陰火
未	陰土
酉	陰金
亥	陰水
丑	陰土

陽の卦の順番	
戌	陽土
申	陽金
午	陽火
辰	陽土
寅	陽木
子	陽水

地支

水	㊀子	1
土	丑	2
木	○寅	3
木	卯	4
土	○辰	5
火	巳	6
火	○午	7
土	未	8
金	○申	9
金	酉	10
土	○戌	11
水	亥	12

偶数――陰
奇数――陽○

次女・離（火）は丑が二爻から始まる。

三女・兌（沢）は丑が三爻から始まる。

母・坤（地）は丑が四爻から始まる。

ステップ3．五神を六爻に配当

五神とは、才、官、子、父、兄をいいます。また、六親とも呼ばれます。これらは人生の中の五つの主要な分野を示しています。これらは六爻のそれぞれの爻に割り振られ、ある爻の地支と宮の五行間の関係によって割り出されます。

これは四柱推命の方法ととても似ております。四柱推命の中では、日干の五行が「日元」となり、その人自身の五行として考えられます。そ

男性卦の地支の取り方　子→寅→辰→午→申→戌

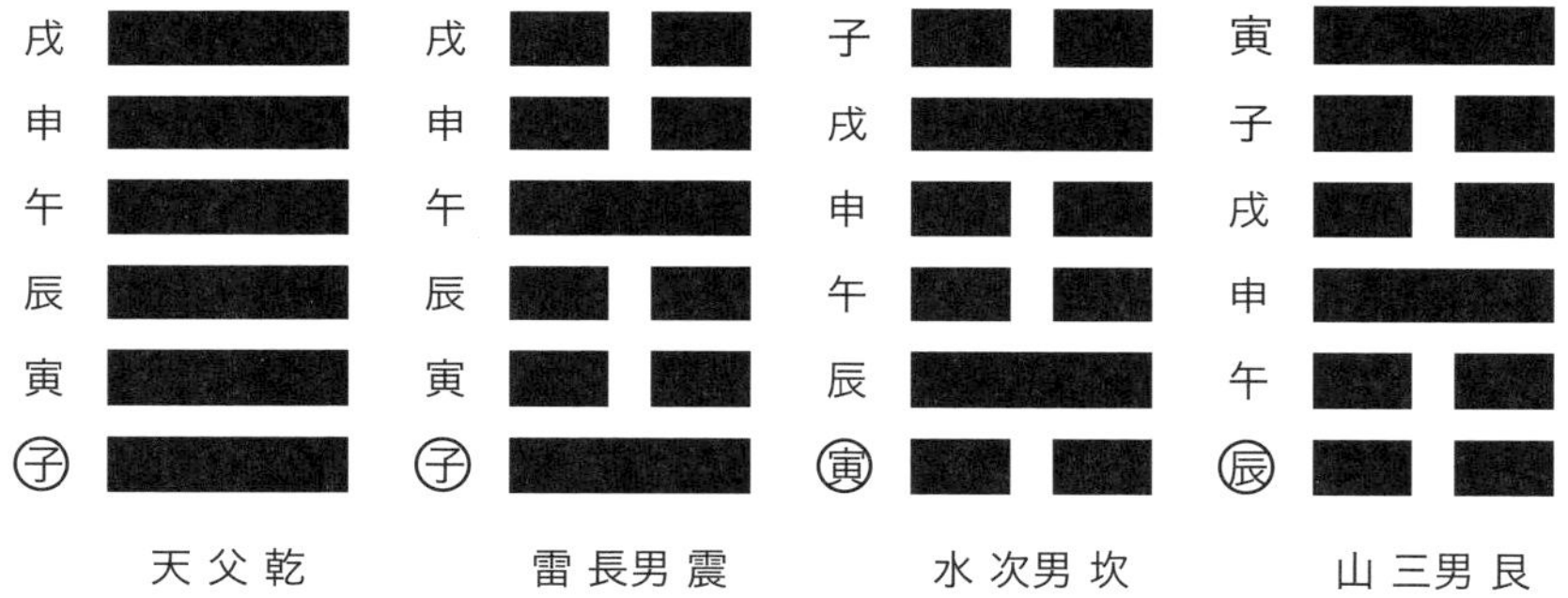

女性卦の地支の取り方　丑→亥→酉→未→巳→卯

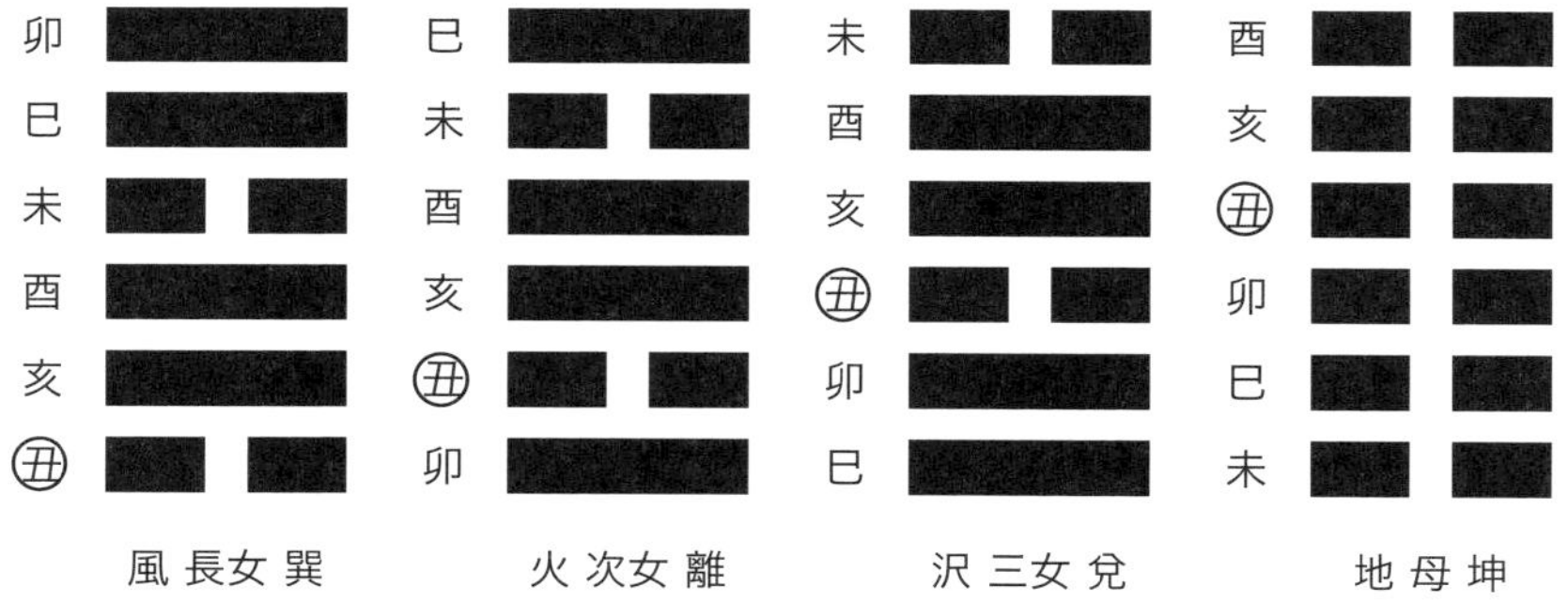

して、五神は「日元」と他の五行との相生・相剋の関係によって引き出されます。

八宮について

文王卦の方法では、「宮」が日元に取って代わります。この「宮」とはその問題となる六爻から割り出される、乾（天）、兌（沢）、離（火）、震（雷）、巽（風）、坎（水）、艮（山）、坤（地）の八卦に当たり八宮といいます。

八宮（六十四卦の分類と八卦の五行の配当）

易占において六十四卦を分類するのに、八宮という概念を用います。八宮は、八純卦（内卦と外卦が同じ八卦）を首卦として、これに八卦ずつ配当したものです。

乾宮…この八卦の宮の五行は金
坎宮…この八卦の宮の五行は水
艮宮…この八卦の宮の五行は土
震宮…この八卦の宮の五行は木
巽宮…この八卦の宮の五行は木
離宮…この八卦の宮の五行は火
坤宮…この八卦の宮の五行は土
兌宮…この八卦の宮の五行は金

もし六十四卦の表を使うならば、易占によって六十四卦が得られた後、その六爻の表から、世爻と応爻の位置を求めることができます。六十四卦を表の中で見つけた後、その六十四卦がのっている列の一番上にある八卦が宮卦と定義されます。そしてその八卦の五行を宮卦の五行と定義することができます。

六十四卦の表

宮卦の五行	土	土	水	木	木	火	金	金
宮卦／世爻	坤宮（地） 8	艮宮（山） 7	坎宮（水） 6	巽宮（風） 5	震宮（雷） 4	離宮（火） 3	兌宮（沢） 2	乾宮（天） 1
6	坤《こん》 88 坤為地《こんいち》	艮《ごん》 77 艮為山《ごんいさん》	坎《かん》 66 坎為水《かんいすい》	巽《そん》 55 巽為風《そんいふう》	震《しん》 44 震為雷《しんいらい》	離《り》 33 離為火《りいか》	兌《だ》 22 兌為沢《だいたく》	乾《けん》 11 乾為天《けんいてん》
1	復《ふく》 84 地雷復《ちらいふく》	賁《ひ》 73 山火賁《さんかひ》	節《せつ》 62 水沢節《すいたくせつ》	小畜《しょうちく》 51 風天小畜《ふうてんしょうちく》	豫《よ》 48 雷地豫《らいちよ》	旅《りょ》 37 火山旅《かざんりょ》	困《こん》 26 沢水困《たくすいこん》	姤《こう》 15 天風姤《てんぷうこう》
2	臨《りん》 82 地沢臨《ちたくりん》	大畜《たいちく》 71 山天大畜《さんてんたいちく》	屯《ちゅん》 64 水雷屯《すいらいちゅん》	家人《かじん》 53 風火家人《ふうかかじん》	解《かい》 46 雷水解《らいすいかい》	鼎《てい》 35 火風鼎《かふうてい》	萃《すい》 28 沢地萃《たくちすい》	遯《とん》 17 天山遯《てんざんとん》
3	泰《たい》 81 地天泰《ちてんたい》	損《そん》 72 山沢損《さんたくそん》	既済《きせい》 63 水火既済《すいかきせい》	益《えき》 54 風雷益《ふうらいえき》	恆《こう》 45 雷風恆《らいふうこう》	未済《びせい》 36 火水未済《かすいびせい》	咸《かん》 27 沢山咸《たくさんかん》	否《ひ》 18 天地否《てんちひ》
4	大壮《たいそう》 41 雷天大壮《らいてんたいそう》	睽《けい》 32 火沢睽《かたくけい》	革《かく》 23 沢火革《たくかかく》	无妄《むぼう》 14 天雷无妄《てんらいむぼう》	升《しょう》 85 地風升《ちふうしょう》	蒙《もう》 76 山水蒙《さんすいもう》	蹇《けん》 67 水山蹇《すいざんけん》	観《かん》 58 風地観《ふうちかん》
5	夬《かい》 21 沢天夬《たくてんかい》	履《り》 12 天沢履《てんたくり》	豊《ほう》 43 雷火豊《らいかほう》	噬嗑《ぜいこう》 34 火雷噬嗑《からいぜいこう》	井《せい》 65 水風井《すいふうせい》	渙《かん》 56 風水渙《ふうすいかん》	謙《けん》 87 地山謙《ちざんけん》	剝《はく》 78 山地剝《さんちはく》
4	需《じゅ》 61 水天需《すいてんじゅ》	中孚《ちゅうふ》 52 風沢中孚《ふうたくちゅうふ》	明夷《めいい》 83 地火明夷《ちかめいい》	頤《い》 74 山雷頤《さんらいい》	大過《たいか》 25 沢風大過《たくふうたいか》	訟《しょう》 16 天水訟《てんすいしょう》	小過《しょうか》 47 雷山小過《らいざんしょうか》	晋《しん》 38 火地晋《かちしん》
3	比《ひ》 68 水地比《すいちひ》	漸《ぜん》 57 風山漸《ふうざんぜん》	師《し》 86 地水師《ちすいし》	蠱《こ》 75 山風蠱《さんぷうこ》	随《ずい》 24 沢雷随《たくらいずい》	同人《どうじん》 13 天火同人《てんかどうじん》	帰妹《きまい》 42 雷沢帰妹《らいたくきまい》	大有《たいゆう》 31 火天大有《かてんたいゆう》

上記の説明を頭に入れて、地支とそれに関する五行をそれぞれの爻に割り振った後、私たちは以下のルールに基づいて、五神をそれぞれの爻に割り振ることができます。

才——宮卦の五行が剋する五行
官——宮卦の五行を剋する五行
父——宮卦の五行を生じる五行
子——宮卦の五行が生じる五行
兄——宮卦の五行と同じ五行

次の例では、元の六十四卦は「震・震為雷」です。この六十四卦は六十四卦表の中の「震（雷）」の宮卦である震宮に入ります。そして震（雷）は木の五行の八卦です。それゆえ「震・震為雷」の宮卦の五行は木です。これをもとに、五神を次のように定めることができます。

宮卦—木
才——土（木が土を剋する）
官——金（金が木を剋する）
父——水（水が木を生じる）
子——火（木が火を生じる）

兄——木（木と宮卦の五行が同一）

次は上述の装卦がすべて終わった六爻の例です。

六爻卦

革（沢火革）

官	未	（土）
父	酉	（金）
兄	亥	（水）
兄	亥	（水）
官	丑	（土）
子	卯	（木）

震（震為雷）

才	戌	（土）
官	申	（金）
子	午	（火）
才	辰	（土）
兄	寅	（木）
父	子	（水）

世爻と応爻、十二支、五神を六爻に割り振った後、その六爻は意味を持ち始め、尋ねられている質問の性質によって解釈することができます。もし質問が金銭に関わることならば、「才」が割り当てられた爻に焦点を当てることができます。そしてその爻が易占を行ったときに、どれほど強いかを見ることができます。もし質問が仕事の見込みに関することならば、「官」の五行を割り当てられている爻に焦点を当てることになります。というのも職業は義務、地位、権威、権力をその人に与え、これらの要素がすべて「官」の五行の爻の中に反映されるからです。

四柱推命のシステムと同様、五神は他の多くの意味を持つよう解釈を広げることができます。それらは人々を表現することもできます。もし質問が妻との関係に関するものならば、「才」の五行が妻を象徴します。そしてそれは宮の五行が剋する五行であります。

一方、もし妻の側が夫に関する質問をするならば、「官」の五行が夫を象徴します。これは宮卦の五行を剋する五行です。上の表はどれほど多くの事象に五神を拡大視できるかを示しています。

父――宮卦の五行を生じる五行。両親、年長の人々、教師、師、家、手紙、衣服、契約、教育、困難をも意味する。

才――宮卦の五行が剋する五行。妻、従者、物質的物体をも意味する。

官――宮卦の五行を剋する五行。地位、夫、強奪、役職、圧力、義務、病気、心配、幽霊をも意味する。

子――宮卦の五行が生じる五行。子ども、幸運、医師、ペット、動物、生徒をも意味する。

兄――宮卦の五行と同じ五行。兄弟姉妹、競争者、友人をも意味する。

易占起例1：エマの犬はどうなったのか？

この際、五神の応用方法を説明する一番の方法は、例をもって説明する方法です。

次の質問は、ペットの犬に関するものです。一九九九年一一月、英国人エマが私の個人レッスンを受けるために香港にやってきました。その日の終わりに私は、彼女が何か質問を思い浮かべることができるか、そしてそれを易の技術修得の練習に使えないか尋ねました。彼女はペットの犬を心配しているといいました。ロンドンの家に一匹の小さい犬を彼女は飼っていたのです。香港に来る際、彼女は隣人に犬を預けてきました。私は彼女にコインを六回振るように示唆しました。次の六爻が、私たちが得た六十四卦です。

質問：エマの犬はどうなっているか？

それではステップごとに練習していきましょう。

易占をする日付を記録します。巳（火）日、亥（水）月。＊易占において、月を「月建《げっけん》」といい、日を「日晨《にっしん》」と呼びます。

←

質問に集中し、三つのコインを六回振ります。

← 装卦を始めます。まず簡易六十四卦表から、世爻と応爻を見つけます。この場合、世爻は初爻で、応爻は第４爻になります。

← 宮卦の五行は金です。「簡易六十四卦表」（70ページ）から求めることができます。

← 次のステップは前章で説明した地支を、六爻に配置します。

← 宮の金をもとに、それぞれの地支に対して五神を当てはめることができます。それは宮の金と地支の五行によって決まります。

この段階において、私たちは装卦された六爻をつくり上げ、質問に答えるための解釈を始めることができます。

六爻卦の分析を始める前に重要なことは、「用神」をはっきりさせることです。用神とはその質問の焦点です。この例の中では犬の様子について尋ねられていますので、「用神」は犬です。

犬はペットの動物なのでオーナーにとっては子どもに似ています。子どもは子の五行で表されるので、犬も子の五行で表されます。子の五行は二爻に

日晨：巳（火）、月建：亥（水）

	父	戌（土）	━━━━		／
	兄	申（金）	━━━━		／
	官	午（火）	━━━━	応爻	／
	兄	酉（金）	━━━━		／
官　午（火）	子	亥（水）	━━━━		○
	父	丑（土）	━━　━━	世爻	／／

みられます。そしてそれは動爻となっており、犬が何かをすることを示しています。

犬の様子について調べているので、この爻の強さは犬の現状はどうか、よいか悪いかを明らかにします。これを分析するために、この易占をした月と日（「月建」と「日晨」）の状況をみなくてはいけません。月と日の五行のことです。

この練習は十一月亥（水）月に行われました。この月建の水は犬を支えます。というのも犬を表す五神の子の五行は水であるからです。一般的にいうとこの犬はよい運にあるということができますので、それほど心配する必要はありません。しかし短い期間をみてみると、日晨は巳（火）日であり、五神の子である亥と冲の関係であります。そのため短い期間でいうとその日この犬に何かが起こっているといえます。

それでは、ペットの犬に何が起こったのでしょうか？

ある爻が動爻である時、その分野で何かが起こることを示しており、他の爻に陰陽が変わります。ここでの例では、亥（水）が火に変化しており、犬が何かに不満をかき立てられていることを示しています。二爻の火は「変爻」と呼ばれます。これはそのペットの犬から生まれており、その六爻の中でなんらかの結果を引き起こします。

この火の五行は何をするのでしょうか？

火は金を剋します。それゆえ六爻の中の金の五行を剋します。この場合、金の五行は「兄」に装卦されています。つまり、この「兄」はエマが犬を見てくれるよう頼んだ隣人を示しています。

このメッセージはとても明快です。犬は大きな目で見ると大丈夫です。しかし易占の練習をした日には犬を見ていた隣人とのトラブルがありました。それゆえ私はエマに心配しないようにいいました。というのも六爻は犬が幸運にあることを示しているからです。その日に何か小さいトラブルがあることも示しています。エマに、隣人に電話して何があったか聞いてみるように私はいいました。

次の朝、エマがクラスに来た時に、彼女は犬が大丈夫であったことを喜んでいましたが、その犬は腕白なことをして、彼女の隣人を驚かせたのでした。その日、ドアのベルが鳴ったので、隣人はドアを開けました。やってきたのは郵便配達の人でした。すると犬はドアに向かって走り出し、外へと逃げてしまったのです。隣人は犬を捕まえるまで一〇分ほどかかったそうです。そして、隣人は犬が逃げ出したことに非常に驚いて慌ててしまったとのことです。

以上のことから、すべての状況が、見事に六爻卦に現れていることがわかります。

六獣《りくじゅう》を六爻に配当

私たちは装卦に関する多くのステップを取り上げ、世爻・応爻、十二支、五神の装卦方法を学んできました。この装卦の作業は、六十四卦を意味のないように見える象徴記号から、内容と情報データをたくさん含むメッセージへと変化させます。

一般的にいうと、五神を装卦してしまえば、焦点となる重要な部分を使って分析するのに十分な量の情報をすでに得られています。そしてそこから正確な答えを導き出すことができるでしょう。このほかに、付加的な装卦のテクニックがあります。これらは六爻卦からくるメッセージの意味をさらに豊富にします。

ここで紹介するシステムは六獣（六神《りくじん》）と呼ばれ、劉伯温によって発明されました。彼は、一三六八年に建国された明王朝の軍師であります。

そのシステムとは六爻のそれぞれの爻に一つの動物を割り当てるやり方です。

これらはどんな動物でしょうか？

暦に使われている十二支の動物とは違います。これらは天界の動物で四方位と焦点の中心点を示します。たとえば、風水に関していうと、青龍が左にあり、白虎《びゃっこ》が右、玄武《げんぶ》が後ろで、朱雀《すざく》が前に来ます。中心は螣《とう》蛇《だ》もしくは勾陳《こうちん》となります。これらは六獣であり、付加的な情報を得るためにこの装卦を行うことができます。

それでは六獣を六爻卦に割り振る方法はどのようなものでしょうか？

異なる日の六獣の表

日干	甲乙日	丙丁日	戊 日	己 日	庚辛日	壬癸日
上爻	玄武	青龍	朱雀	勾陳	螣蛇	白虎
五爻	白虎	玄武	青龍	朱雀	勾陳	螣蛇
四爻	螣蛇	白虎	玄武	青龍	朱雀	勾陳
三爻	勾陳	螣蛇	白虎	玄武	青龍	朱雀
二爻	朱雀	勾陳	螣蛇	白虎	玄武	青龍
初爻	青龍	朱雀	勾陳	螣蛇	白虎	玄式

割り振るにはまず易占を行った日の日干である「日晨」が重要になります。六獣の動物のそれぞれは五行の性質を持っています。青龍は木、朱雀は火、勾陳と螣蛇は土の五行を持ちます。白虎は金、そして玄武は水の五行を持ちます。これらの動物を六爻卦に割り振る考え方としては、易占が行われた日の日干の五行と動物の五行が一致しなくてはならないということがあげられます。

たとえば、日干が木の日に易占を行ったとします。そのとき私たちは一番下の初爻を木の五行つまり青龍から始めます。相生の関係から木は火を生じるので、二爻は火の五行である朱雀が当てはまります。三爻は土の勾陳で、それは火が土を生じるからです。四爻も土で螣蛇が来ます。五爻は土が金を生じることからわかるように、金の白虎です。金は水を生み出すので、水の玄武が上爻となります。

上の表は六爻における六獣の位置を易占が行われた日の日干「日晨」を参照に記載されています。

六獣の解釈

それではこの六獣はどのような意味を持つのでしょうか？

それぞれの動物は以下の意味を持ちます。

青龍（木）――よい、好ましい
朱雀（火）――口げんか、紛争・衝突、スキャンダル
勾陳（土）――法律的問題、困難、妨害
螣蛇（土）――奇妙、隠れた問題
白虎（金）――恐ろしい、好ましくない、怪我
玄武（水）――窃盗者、プライバシー

このように、六獣はある六爻の中のそれぞれの爻に関して情報を付け加えることができます。たとえば、もしあなたの質問が、あなたの夫との関係に関するものならば、用神は夫を意味する「官」であります。もし官の爻が朱雀に当てはまる場合、その付加的な意味は、あなたの夫があなたと口げんかをするということになります。というのも、朱雀が口げんかや衝突を意味するからです。

六獣を用いた起例

一つの例をあげてみましょう。

この本の最初において、「誰がジョンベネを殺したのか?」という質問に対する解説の中で、私たちは左ページの六爻卦を得ました。その六爻卦の中で私たちは、「子」をジョンベネを示す用神として使います。というのも彼女自身は子どもですし、「子」の五行は子どもを示すからです。

そこでは、一番上の爻が木の動爻の寅で「官」を表します。そしてそれは三爻である「子」の申と冲の関

係であります。それゆえこの一番上の「官」の五行はジョンベネに害を与える殺害者を示しています。

それでは誰が、この事件の殺人犯なのでしょうか？

私はこの殺人犯が両親でもジョンベネの兄弟でもないといいました。というのも両親は「父」の五行で示されますし、彼女の兄弟は「兄」の五行で示されるはずで、その六爻の中ではまったく活動をしていません。


それでは少女を攻撃する「官」の五行とは誰のことでしょうか？

これに関して六獣がある光を投げかけてくれます。


易占は水の日の木の天干の日に行われました。それゆえ初爻に六獣を青龍から並べていくことができます。朱雀が二爻、勾陳が三爻となります。そして玄武が上爻に当たることがわかります。そこで玄武が殺人犯の性質を表しています。

玄武とはなんでしょうか。これは窃盗者を意味します。つまり、殺人犯は侵入者であり窃盗者であると考えられます。

質問－誰がジョンベネを殺したのか？
月：水　日：水

子	酉（金）	━━　━━	官	寅（木）	━━━━━━	世爻	玄武
			才	子（水）	━━　━━		白虎
			兄	戌（土）	━━　━━		螣蛇
			子	申（金）	━━━━━━	応爻	勾陳
			父	午（火）	━━　━━		朱雀
			兄	辰（土）	━━　━━		青龍

六爻卦から答えを導き出す方法

以上で、易占を行う詳細過程を説明しました。

これらは最初に明確な質問を設定することから始まり、コインを投げて、「世爻・応爻」「十二支」「五神」「六獣」をそれぞれの爻に割り当てるやり方を含みます。

そこで次の段階は、あなたの質問に対する答えを得るための六つの爻でできた六十四卦の一つ（以下、『周易』と区別するために「六爻卦」という）の分析法と解釈方法です。

六爻卦とはとても抽象的な象徴記号です。それはメッセージを含み多くの意味を持ちます。しかしながらそれらのメッセージは隠れており、解釈する者は単なる六つの爻より成り立つ象徴記号からメッセージを引き出すための論理と分析力が必要です。

それでは、どのように答えを導き出すのでしょうか？

一番重要な段階は、どこに焦点を当てるか、そしてあなたの欲しいメッセージを探すことです。ここでは読者にガイドラインを示すことにしましょう。

六爻卦を解釈する際には、三つの重要な領域が存在します。これらの領域とは、「用神」「世爻・応爻」そして「動爻」です。一つずつこの重要な分野を見ていきましょう。

用神

用神とはその易占の質問の主題、もしくは質問の焦点を当てるべきポイントを示しています。

たとえば、もし質問が次の年の財運に関することでしたら、用神は「才」となります。もしあなたが夫との関係を心配しているならば、用神は「官」となります。犬の例題のように、用神とは六爻卦の中で最初に探すものです。もし用神が強いならば、あなたの質問に対する答えは肯定的になるでしょう。用神の強弱は易占が行われる月日によって決まります。

たとえば、質問が財運に関するもので、「才」の五行が火であるならば、夏の月、たとえば六月に易占が行われるならば、財運はより肯定的となるでしょう。というのも季節の五行が火を助けるからです。財運は易占が一二月に行われるならばとても弱くなるでしょう。というのも水の月である一二月は火を剋してしまうからです。

世爻と応爻

二番目に焦点となるのは世爻と応爻です。世爻は質問をするその人を示します。その強さはその人の運の強さの状態を示します。応爻は一般的にいうと対象となる問題を指します。

たとえば、もし質問が「私が申し込んだ仕事を手に入れることができるか？」というならば、世爻は仕事を申し込んだあなたです。応爻はあなたが申し込んだ会社を示します。そのように応爻の役割は実際のところ上述した用神の役割とだぶります。

また、あるプロジェクトの入札のチャンスを判断しようとしている会社があるとします。世爻はその質問をする会社、そして応爻は入札を争う競争相手となります。他の例では、サッカーなどのスポーツの試合があげられます。世爻を味方のチームとするならば、応爻は相手のチームとなります。そして世爻と応爻の強さを比べることによって、どちらのチームがより勝つ可能性があるかを予測できます。

易占起例2：ブッシュとゴア

ブッシュとアル・ゴア、どちらがアメリカの大統領選挙に勝つか？

一つの古典的な例を見てみましょう。

質問は「二〇〇〇年のアメリカ大統領選挙において、ブッシュとアル・ゴアのうちどちらが勝つか？」というものです。

二つのグループの競争に関係する場合、一つのグループを世爻で表し、もう一つのグループを応爻で表すことができます。しかしながら、重要なことはコインを投げる前に、どちらのグループが世爻と応爻のどちらを表すかを明確に決めておくことです。

この例題では、世爻をアル・ゴア、応爻をブッシュとしましょう。この質問は二〇〇〇年一一月一八日に行われたので、土（辰）の「日晨」の水（亥）の「月建」でした（「月建」と呼ばれる月干支の十二支を求めるには、103ページの「月建の支表」を参照のこと。また、「日晨」と呼ばれる日干支は巻末の「易占萬年暦」を参照のこと）。

以下が得られた六爻卦です。

質問：ブッシュとアル・ゴア、どちらがアメリカの大統領選挙に勝つか？

世爻はアル・ゴアを指し、火の五行の上にのっています。そして火は十一月においてとても弱いといえます。応爻はブッシュを表し、水の爻の上にあります。これは冬の水によって強くサポートされます。

結果は明白でブッシュが勝つと出ました。この易占は土（辰）の日に行われました。これはブッシュの水を剋します。障害が存在することを示します。しかし、水が強い月なので、水は土の攻撃にも耐えることができます。ブッシュは一時的な不利にもかかわらず結果的には勝つと出ております。

このように世爻と応爻は二つのグループの勝利の確率を測るにはとても手軽です。

動爻と変爻

六爻卦を調べる際に三つ目に重要な領域は動爻です。

動爻は爻が陰から陽、陽から陰に変わる爻です。これらの爻は六爻卦を解釈する時にとても重要です。それは活動がなされる場所、もしくは状況が進行している場所を表しています。動爻を詳しく見ることにより、ある六爻卦のそのような変化の結果がどのようになるかがわかります。それゆえ、動爻を詳細に見ることは重要です。

ある爻が動爻である時、他の爻に影響を与えます。たとえば、金の爻が動爻である場合、木に割り当てられた他の爻を剋します。そ

日晨：庚辰（土）　　月建：丁亥（水）
世爻：アル・ゴア　　応爻：ブッシュ
宮卦：坤（地）　　宮卦の五行：土

兄	戌（土）	∥		
子	申（金）	∥		
父	午（火）	／	世爻（アル・ゴア）
兄	辰（土）	／	
官	寅（木）	／	
才	子（水）	／	応爻（ブッシュ）

して水が割り当てられた爻をサポートします。それはすべて、木や水の爻が何を表しているかによります。用神が「才」で、「才」が六爻卦の中で木によって表されるとしましょう。もし、金の動爻があるならば、その金の動爻は木を剋するでしょう。そして財運は好ましくないといえます。

動爻はもう一つの爻に変化し、この変化した爻を「変爻」と呼びます。この「変爻」も解釈するときに重要な役割を果たします。変爻の五行が元の動爻にどのように影響を与えるかを見る必要があります。

上述の例では、質問が金銭に関わることで、「才」が木の五行で表されるとします。そのとき、動爻は木を剋します。これは金銭に関して他の人が競争者として存在することを示しています。

それではその競争者の行動はどれくらい効果があるでしょうか？

もし金の動爻が土の変爻に変化したとするならば、土は金を生じるので、競争者はとても強くなります。反対に、もし変爻が火の五行となった場合、火は金を剋し元の動爻を破壊します。これが起こるならば、競争者がいても、その競争者は弱いと、判断することができます。

それゆえ、ある変爻は元の動爻を剋するか生じるかのどちらか一つです。もし変爻の五行が、元の動爻の五行を剋しも生じもしない場合はどうなるのでしょうか。

たとえば、金の動爻が水に変わったとします。水は金を生じもしませんし、剋することもありません。そのとき、私たちはこの変爻を他の機能のために使えると考えます。この水の爻は木つまり六爻卦の木の五行を助けます。

それはどういう意味があるのでしょうか？

もし金の動爻が水の変爻に変化した場合、それは競争者を表す金があなたの金銭面つまり木に関して行動を起こすことを意味します。しかし、その行動は水を生み出し、結果的に木を助けます。つまり、競争者の行動があなたの金銭面にとっては利益になるということです。あなたの金銭に関わる質問に対する答えは肯定的な意味になります。

以下のように動爻の見方を分解して理解することができます。

動爻の見方

1　動爻が六爻卦の中の他の爻にどのように影響を与えるかを見ます。他の爻を生じるか、もしくは剋するか？

2　変爻の五行は何か？　どのように動爻に影響を与えるか？　元の動爻を生じるかそれとも剋するか？

3　もし変爻が元の動爻を生じるか剋する場合、変爻はその機能を果たしたことになるので、その変爻が六爻卦の他の爻にどのような影響を与えるかを見る必要はありません。

4　もし変爻の五行が、元の動爻を生ぜず、剋さない場合、その変爻は六爻卦の中の他の爻に影響を与えることができます。それは六爻卦の他の爻を剋したり生じたりすることができます。

易占起例3：クリントンのスキャンダル

それでは次の例をみてみましょう。

一九九八年クリントン大統領は、モニカ・ルインスキーとの情事で問題の渦中に深くありました。彼の競争相手は彼を大統領職から降ろそうと、辛らつな攻撃を彼に向けて行いました。私は一九九八年一月二六日に、クリントン大統領が危機に陥っている状況で、彼の生き残りのチャンスを問う易占を行いました。

質問は「クリントン大統領はこのスキャンダルから生き残れるか？」というものです。

コインを投げる前に、次のステップをあらかじめ考えておく必要があります。質問する人は自分自身に問うてみましょう、六爻卦が出た後に、どのように解釈をするべきであるかと。言い換えると、コインを投げる以前に、焦点を当てる領域はどこであるかを知っておくべきであるということです。

私たちの質問において、これは二つのグループによる争いであると考えられます。クリントン大統領とその対抗勢力、もしくは民主党と共和党の競争と言い換えることができます。

この種の質問は世爻と応爻によって取り扱うのがベストです。世爻はクリントン大統領で、応爻は共和党を示します。誰がどちらになるかは問題ではありませんが、コインを振る前にどちらが世爻で、どちらが応爻であるかを、あらかじめ決めておく必要があります。

以下が、一九九八年一月二六日に得られた六爻卦です。そのときは丑（土）の月建、酉（金）の日晨でした。

質問：クリントンはこのスキャンダルから生き残ることができるかどうか？

この六爻卦を解釈するために、最初のステップは用神を見つけることです。この場合、世爻となりクリントン大統領を表します。この爻は官の爻でもあります。力のある大統領であることを示しています。この世爻は丑の爻であり、土の五行です。これは月と同様で、クリントン大統領が月からサポートされていることを意味し、長期の幸運を享受することを意味しています。しかし日の金の五行が彼の土を消耗させます。これは短期的に彼が問題に直面することを示しています。

次のステップは彼の敵について調査することです。これは応爻であり、木の爻です。木の五行は月建の五行である土から生じることもなく、日晨の五行である金から生じるわけでもありません。また、日晨の地支は酉で応爻の卯と冲を起こします。そのように、私たちはすでにクリントン大統領を示す世爻が敵を表す応爻よりも強いことを結論づけることができます。しかし、応爻は子の爻であります。それは反抗的な五行といえます。この動爻の木は世爻の土の五行を剋します。これはクリントン大統領の敵対者が彼に向けて攻撃をしていることを明白に表し

日晨：癸酉　**月建：癸丑**
宮卦：坎（水）　**宮卦の五行：水**
世爻：クリントン大統領　**応爻：対抗勢力**

得卦：䷣ 明夷（地火明夷）

	父　酉（金）	／／	
官　戌（土）	兄　亥（水）	×	
	官　丑（土）	／／	世爻（クリントン）
	兄　亥（水）	／	
	官　丑（土）	／／	
官　辰（土）	子　卯（木）	○	応爻（対抗勢力）

ています。

それでは動爻を見てみましょう。二つの爻が動爻となっています。初爻と五爻が動爻です。クリントン大統領が外卦にあるので、外卦の爻が彼の仲間、つまり民主党と考えることができます。同様に、内卦の爻が彼に敵対するグループ、つまり共和党と考えることができます。

動爻である五爻は民主党の中で何かが起こっていることを示しています。この動爻は「兄」に分類されるため、クリントンのグループメンバーが何かをしていることを象徴しています。

どんな行動を起こしているのでしょうか？

水の五行が行動を起こしています。水の五行はクリントンを表す土の五行をサポートせず、敵のグループである一番下の木の五行をサポートします。ですので、この動爻が示すことは、民主党の中に反乱分子がおり、クリントン大統領を大統領職から降ろそうとしている動きに賛成であるということです。

しかし、彼らの行動の結果はどうなるでしょうか。答えは変爻の中にあります。水の動爻は土の変爻に変化します。この土は元の動爻である水を剋します。民主党の中の反対派は抑えつけられることを示しています。彼らの行動は大統領を傷つけることはないでしょう。

一番下の動爻である共和党の行動に関して、これは木の爻です。土で表されるクリントン大統領を打倒しようと攻撃を始めています。

結果はどうでしょうか？

木の動爻は土の五行に変化します。これはどう作用するでしょうか？

土は木の動爻を生じませんし、土は木を剋することもありません。そのように、この土の変爻は違う機能のために使うことができます。土の変爻は同じ土である世爻をサポートすることができます。それゆえこの動爻と変爻の関係は、共和党が仕掛けた攻撃が実際のところ反対の効果を出し、ビル・クリントンのサポーターを増やすという結果を示しています。

全体的な図として、クリントン大統領は一九九八年にはまだ幸運の中にあり、スキャンダルを生き抜くことができるということです。このことは実際に証明され、一九九九年の彼に対する告訴は失敗に終わっています。

易占解釈のための断卦黄金策

前項で私は六爻卦を解釈する際に注意を向けなくてはいけない三つの領域を指摘しました。それらは、「用神」「世爻・応爻」「動爻と変爻」です。ここでは解釈に必要なすべてのポイントをおさらいします。

1．月建

易占を行った日の月干支は月建と呼ばれ重要です。それは季節の影響を表し、どの五行が一番旺じているかを決めます。たとえば、木は春に旺じており、火と土は夏に、金は秋に旺じて、水は冬に一番強くなります。それゆえ月は六爻卦についている爻の強弱を決めます。これは世爻や用神の強さを評価する際にとても重要です。以下が覚えておくべき点です。

(a) もし月建がある爻と冲をしている場合、その爻は弱く、使うことができません。
(b) もし月建がある爻と合をしている場合、その爻は有用です。
(c) 月建は変爻の五行に影響を与えることができます。もし変爻の五行が元の動爻の五行を剋する場合でも、月が変爻の五行と好ましくない関係にある場合は、元の動爻の五行を剋することはできません。
(d) もし用神が六爻卦に現れない場合で月建に現れているとするならば、その月建を用神とすることができ、その用神はとても強いと考えられます。

2. 日晨

易占を行った日の干支は日晨と呼ばれ、短い期間を支配する五行である、ということができます。もしそれが世爻や用神の五行をサポートするならば、それらはとても強く有用であるということです。以下が覚えておくべき点です。

(a) 用神または世爻は日晨の五行と合をするならば、強くなるでしょう。

(b) 同様に日晨と冲を起こす爻は弱くなる。日晨の五行によって剋される五行の爻は弱くなります。

(c) もしある爻が強く、日晨と冲を起こすとき、この爻は活動的で有用であると考えられます。しかしながら、もしその爻が弱く、日晨と冲を起こすならば、その爻は有効ではありません。

月建の支表

月建の支	五行	四季	節気	西洋暦
寅	木	春	立春	2月4日頃── 3月5日頃
卯	木	春	啓蟄	3月6日頃── 4月4日頃
辰	土	春	清明	4月5日頃── 5月5日頃
巳	火	夏	立夏	5月6日頃── 6月6日頃
午	火	夏	芒種	6月7日頃── 7月7日頃
未	土	夏	小暑	7月8日頃── 8月7日頃
申	金	秋	立秋	8月8日頃── 9月7日頃
酉	金	秋	白露	9月8日頃──10月8日頃
戌	土	秋	寒露	10月9日頃──11月7日頃
亥	水	冬	立冬	11月8日頃──12月7日頃
子	水	冬	大雪	12月8日頃── 1月5日頃
丑	土	冬	小寒	1月6日頃── 2月4日頃

※常に詳細は巻末の易占萬年暦を参照。

3. 動爻《どうこう》

動爻は他の五行（変爻の五行）に変化します。この変化した五行は元の動爻の五行に影響を与えます。その元の五行を剋する（相剋）か、生じる（相生）かです。もし変爻の五行がどちらか一方に当てはまるならば、他の爻に影響を与えることはありません。

また、他の爻もその変爻の五行に影響を与えることはできません。変爻の五行に影響を与える唯一のものは易占がなされたときの月と日である月建と日晨の五行です。一般的に元の五行を変爻の五行が生じるならば元の五行は強くなります。一方、元の五行を変爻の五行が剋するならば、元の五行は弱いと考えられます。元の五行を変爻の五行が剋しもせず、生じもしないならば、六爻卦の中の他の爻を剋したり、生じたりします。

動爻の五行は世爻や用神を強めたり弱めたりすることができます。

4. 空亡《くうぼう》

もしある爻の十二支が空亡の中に当てはまるならば、五行は一時的になくなるか、もしくは中和されていることを意味し、その十二支が存在しない十日の間は、何も影響を与えることはないでしょう。しかしながら、例外として、もしその爻が動爻である場合、その爻は時節に合います。月建と同じ地支の場合、またはその爻が日晨の五行や他の動爻からサポート（相生）されている場合は空亡とは言いません。しかし、それが月建と冲の関係を起こしていたり、月建から剋されたりする場合、空亡となります。

空亡表

日晨	甲寅	甲辰	甲午	甲申	甲戌	甲子
	乙卯	乙巳	乙未	乙酉	乙亥	乙丑
	丙辰	丙午	丙申	丙戌	丙子	丙寅
	丁巳	丁未	丁酉	丁亥	丁丑	丁卯
	戊午	戊申	戊戌	戊子	戊寅	戊辰
	己未	己酉	己亥	己丑	己卯	己巳
	庚申	庚戌	庚子	庚寅	庚辰	庚午
	辛酉	辛亥	辛丑	辛卯	辛巳	辛未
	壬戌	壬子	壬寅	壬辰	壬午	壬申
	癸亥	癸丑	癸卯	癸巳	癸未	癸酉
空亡	子丑	寅卯	辰巳	午未	申酉	戌亥

5. 伏神《ふくじん》

もし用神が六爻卦の中に現れていないならば、日晨や月建の中に現れているかどうかを確認します。もしそれでも現れていないならば、伏神を使います。これは宮卦に見られる用神のことを指します。伏神を判別した後、それを使うことができるかできないかを評価する必要があります。伏神は以下の状況下で使うことができます。用い方は、六十四卦を「六十四卦の表」で見た一番上の八卦である宮卦が二つ組み合わさって表記される首卦から伏神を探します。

(a) 日晨と月建の五行によって生じられている（相生されている）。

(b) 伏神がみつかる爻の元の五行によって生じている。

「易占起例13」において伏神の使い方の例を取り上げますので、そちらもご覧ください。

6. 進神《しんじん》と退神《たいじん》

これはある動爻のことを指し、他の十二支に変化するときに、その結果として生じる地支がその元の動爻の五行と同じ場合をいいます。もし結果として出た十二支が十二支の順番通りに来る場合は、進神といい、その爻がとても強く、有用であることを意味しています。

一方、結果として出た地支が十二支の逆の順番にくるならば、退神となり、弱い、有用でないことを意味します。たとえば、申は酉に変化した場合は進神です。しかし、逆の場合、つまり酉が申に変わった場合は退神といいます。

こちらは、「易占起例16」において進神の例を取り上げます。

7．六合《りくごう》の関係

十二支と十二支の合である支合は六つの合をつくります。合は通常において調和的な関係です。六合の関係が起こるさまざまな場合があります。

(a) 爻で、動爻であろうと動爻でなかろうと、日晨と月建と合をする爻。これは好ましいと考えられ、爻を強めます。

(b) 二つの動爻がお互い合をしあいます。そして二つの爻の力を強めます。

(c) 一つの動爻がある十二支に変わり、元の十二支と合をする場合。これは妨害を意味し、元の五行の力を弱めます。

(d) 六爻卦のすべての爻同士が冲をなしているとき、変爻によって、すべてが合になる場合においては、混乱や衝突が調和に落ちつくことを意味します。

「易占起例４」において冲から合へと変化する例を取り上げます。

8．十二支の三合

三つの十二支が合をして四つグループをつくります。そしてそれらは非常に強い五行を形成します。変爻はとても強く、六爻卦の解釈に大きな影響を及ぼします。この関係は以下の条件に六爻卦が当てはまるときに起こります。

(a)　六爻卦の中に三つのすべての十二支が来ます。そしてそれは月建と日晨も含みます。最低限これらの十二支のうち一つが動爻の中に見られます。

(b)　三合をつくる三つの十二支のうち二つが、初爻、三爻にあり、この両方の爻が動爻となっています。そして、その二つの動爻のうち一つが、本卦の初爻と三爻の十二支と三合を形成する十二支に変爻する場合は、三合となります。次の例は、三爻が変爻して申になり、申子辰の水の三合を形成する例となります。

(c)　三合をつくる三つの十二支のうち二つが、四爻、上爻にあり、この両方の爻が動爻となっています。そして、その二つの動爻のうちの一つが、本卦の四爻と上爻の十二支と三合を形成する十二支に変爻する場合は、三合となります。次の例は、上爻が変爻して寅になり、寅午戌の火の三合を形成する例となります。

(d)　十二支三合には必要な三つの地支のすべてがなくてはいけません、もし重複が一つあり、四つの十二支がある場合、十二支の三合は余分な四つ目の十二支が他の五行と合をして中性化されたときのみ起こります。

(b)

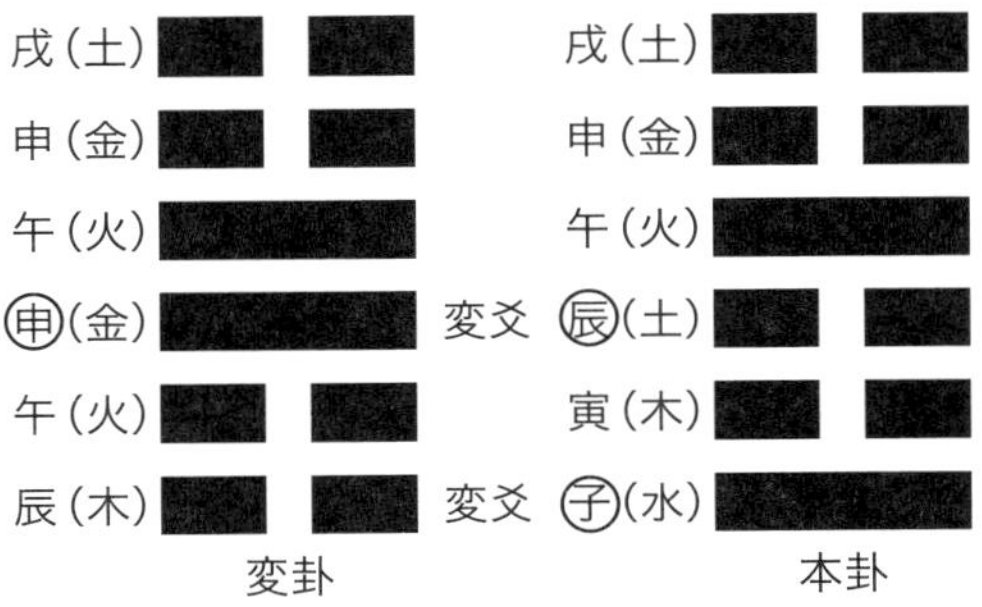

(c)

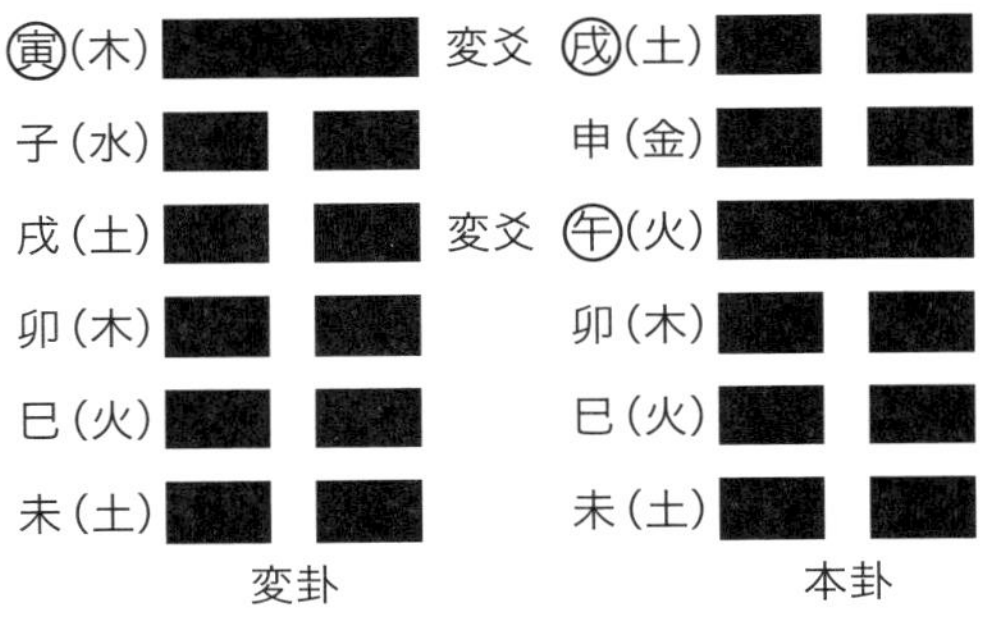

(e) もし三つの十二支のうち一つが空亡の場合、三合の関係は起こりません。

9. 十二支の冲

十二支の冲は一般的に、衝突、不調和、別れ、またはプロジェクトやイベントが失敗に終わることを示しています。以下の点に注意を払いましょう。

(a) もしある爻が月建と冲をしている場合、その爻は弱く、使うことができません。

(b) もしある爻が日晨と冲をしている場合で、その爻の五行がその季節と一致し強くなる場合、動爻となります。その爻の五行が弱い場合で、日晨との冲を起こったときは、その爻を使うことができません。

(c) 動爻の十二支と、変爻の十二支が冲をするとき、本卦の動爻は変爻との冲により、弱められると考えます。

(d) 二つの動爻がお互い冲を起こすとき、それは危機的な衝突や争いを意味します。

(e) 病気に関する易を見る場合、現在の問題であるならば、冲は回復を意味し、もしそれが古くからあった問題についてであるならば、冲は死を意味します。

(c)

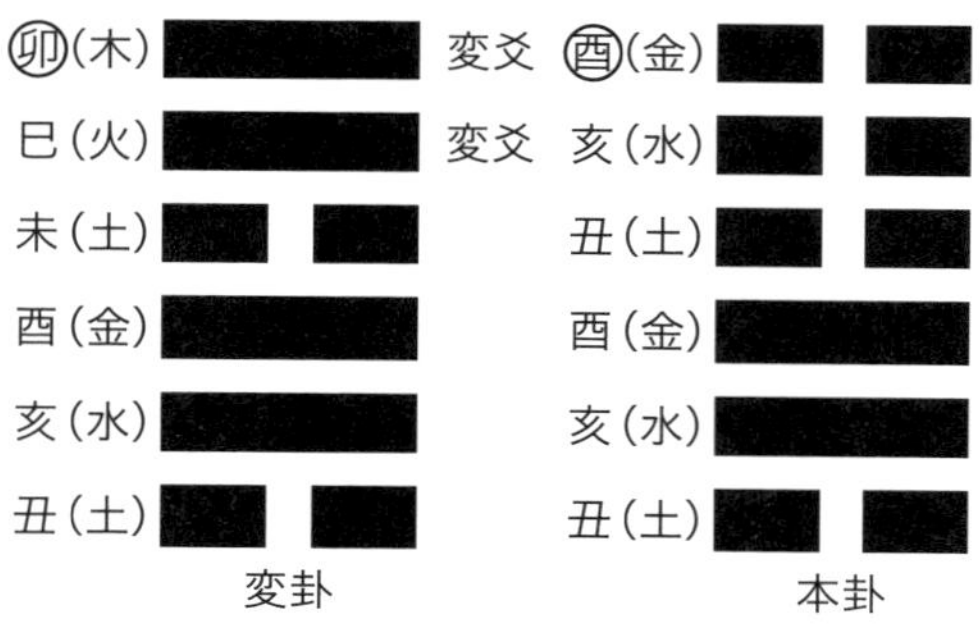

十二支の三合
申 ＋ 子 ＋ 辰 ＝ 水
寅 ＋ 午 ＋ 戌 ＝ 火
巳 ＋ 酉 ＋ 丑 ＝ 金
亥 ＋ 卯 ＋ 未 ＝ 木

10. 墓《ぼ》

十二支の中で、土の五行を表す十二支を墓と呼びます。戌は火の墓で、辰は水の墓、丑は金の墓で、未は木の墓です。墓は死、牢屋、穴、閉じ込められることを意味し、否定的な意味を持ちます。もし弱い世爻もしくは用神が、月建もしくは日晨と冲をする場合、墓が開けられ、それまで閉じ込められていたものが解放されることを意味します。

六爻卦の詳細分析

ここまで文王卦による易占を行う際の多くの詳細を述べてきました。いままで解説してきたことを整理するために、専門用語のリストと説明をつけ、解釈の練習に行く前に、読者にそれらの専門用語と概念になじんでもらおうと思います。

以下がすべて装卦された例の一つです。

1．本卦――三つのコインを六回投げてでた卦。例の中では、「震」が元の六爻卦です。

2．変卦――本卦の中で、動爻がいくつかあるとします。そのとき、動爻は爻が陰から陽、もしくはその反対に変化します。このように、本卦は新しい六爻卦である変卦に変わります。変卦は動爻を変換した際に生まれたものです。例の中では、「困」が変卦です。これは本卦「震」の三つの動爻が変わったことにより起こります。

3．宮卦――六爻卦はある八卦をもう一つの八卦の上にのせてつく

六十四卦（六爻卦）— 「震」が「困」に変化する
宮卦—「震」、宮卦の五行—木

られます。そのように、六爻卦を八つのグループに分けることができます。どれもが、八卦のうちの一つの卦に属します。八つの六爻卦を一つの家族とみなし、その代表となる八卦を、宮卦と呼びます。

例においては、六爻卦の「震・震為雷」の宮は八卦の震です。そしてこの宮卦の五行は木で、八卦の震と関係します。この五行が六爻卦の五神を決める鍵となる五行となります。

4. 世爻と応爻

――これは六爻卦の中の二つの重要な爻です。世爻は質問をする人、または六爻卦を使うことによってあなたが調べたい題目を指します。応爻は他者、質問をする人が目指す目標、または質問をする人が競争する相手を指します。

世爻の強さが易占をする人の状況を反映します。世爻と応爻は常に爻を二つ離れて位置します。ここの例でいうと、世爻が上爻で応爻が三爻です。

5. 十二支

――十二支は五行を持ちます。それぞれの爻が一つの地支によって表示されます。そしてその特定の爻の五行を指し示します。十二支と宮卦の五行関係が五神を決める鍵となります。地支は中国の暦においてとても大切な部分で、ある年月日に及ぶ五行を示します。

十二支は中国の十二支の動物と同じです。それらは他の支と冲と合の関係を持ちます。そのような冲や合の関係は六爻卦のそれぞれの爻の状況や強さに影響を及ぼします。

6．動爻――○でマークされた爻は陽が陰に変わり、×でマークされた爻は陰から陽に変わります。動爻は

六爻卦の中の変化、活動、動きの領域を示します。一つの動爻の中に二つの部分が存在します。

⑴動爻、⑵変爻

元の動爻は易占をした日晨、月建、六爻卦内の他の爻、そしてそれ自身の変爻と影響し合うことができます。変爻は日晨と月建、そして元の動爻としか影響を与え合うことができません。

しかしながら、もし変爻が元の動爻を剋したり生じたりするのでないならば、その六爻卦の中の他の爻と影響を与え合うことができます。先述の例では、第2爻において動爻は木で、土の変爻になります。この変爻である土は木を剋しませんし、木を生じません。それゆえ他の爻に影響を与えることができます。たとえば、五爻の金を生じることができます。

7．五神――五神は、「才、官、子、父、兄」を指します。それぞれの爻に割り振られた地支の五行に対する宮卦との五行関係によって決まります。五神は用神を提供し、六爻卦がある特定の題目において解釈される時に焦点を当てることができます。

たとえば、もし質問が金銭に関することならば、答えを引き出すためには、「才」と分類された爻に注目します。「才、官、子、父、兄」は一般的な単語で、広い意味を持ちます。五神は以下のような五つのカテゴリーの人々を指します。

才――妻

官――夫、政府、法律、圧力を行使する人々、敵

子――子ども、召使、生徒

父――父母、上司、教師

兄――兄弟、同僚、競争者、朋友

8. 用神《ようじん》――用神は特定の題目のために六爻卦を使う際、焦点を当てる五行を指します。たとえば、もし主題となる問題がお金に関することならば、用神は「才」と分類された爻となります。また用神の「才」を生じる五行のことを、「原神《げんしん》」と呼びます。もし「才」の爻が土であるなら、火が土を生じるため、火の爻または五神の「子」の爻が原神となります。

9. 忌神《きじん》――これは用神を剋する五行のことを指します。右の例でいうと、もし用神が「才」で、土の五行だとすると、土を剋する木が忌神となります。木は五神の「兄」でもあり、「才」の競争者ともなります。さらに、「仇神《きゅうしん》」とは忌神を生じる五行です。例の場合、水であり、五神でいう「父」に当たります。

10. 空亡《くうぼう》――十の天干と十二支が中国暦のシステムに存在しますが、どの時間も一つの天干と一つの地支で表現されます。十二支と十の天干があるため、十日の周期後に二つの地支が余り、この二つが新しい十干と組み合わさります。

この二つの十二支を空亡と呼びます。空亡を示す地支はその日の天干の、甲から始まる周期の初めから、一〇個先に進むことによってわかります。そして次に来る二つの十二支が空亡となります。空亡は一時的

な欠如の意味を持ちます。空亡の影響は一〇日経つと消えてしまいます。

たとえば、易占をした日晨が壬寅だと仮定します。すると空亡は辰と巳です。なぜかというと、壬の日から順に数えていくと、辰と巳の上に甲と乙が来ていることがわかるからです。

空亡の説明は本書冒頭の例である「誰がジョンベネを殺したのか?」に見られます。その易占を行った日は乙亥でした。その日から順番に数えていくと、乙亥、丙子、丁丑、戊寅、己卯、庚辰、辛巳、壬午、癸未、甲申、乙酉となります。そのように申と酉がその日の空亡となります。その得られた六爻卦において、申と酉は「子」の五行になっており、ジョンベネ・ラムジーを表しています。

彼女が空亡で表されるように、彼女は官であり殺害者を表す木の寅(木)と戦う力を持っておりません。これが彼女自身の五行が金にもかかわらず、木を剋することができない理由です。というのも金が空亡となっており力を持っていないからです。

易占と風水

風水は今日においてもとても人気のあるテーマであります。そして風水は私たちの環境に関係しており、人間の運が家の中、つまりリビングルームや寝室、台所に存在する「気」もしくはエネルギーによってどのように影響を受けるかを学ぶものです。

適切な家の風水鑑定はとても複雑な作業であります。家の周囲の物理的環境（巒頭《らんとう》）を注意深く調べることが必要であり、羅盤による家の方位（理気《りき》）の正確な測定が必要で、たとえば、その建物の建築年数から玄空飛星図《げんくうひせいず》を描き、家のデザインである、ベッドルームや寝室やキッチンなどの配置を、飛星図にのっとってどのようにするか詳細に調べる必要があります。

読者の皆さんは、風水鑑定法を『完全定本　風水大全』（河出書房新社刊）などにて学ぶことができるでしょう。

易のシステムにおいても、ある家の風水を評価する方法があります。この技術はもちろん実際の風水鑑定に比べると正確でも詳細でもありません。しかし、その家を見ることが時間的にもコスト的にもできない場合には、その家の風水をみるための簡単な参考にはなりえます。

また、風水実践者にとってこの技術は、自分が観察から見落としている部分を見つけたり、自分の鑑定を再度確認するための有効な手立てです。

たとえば、家の中の幽霊の存在などは風水の技術よりも、易占によって簡単に感知できます。

ある六爻卦の中で、家の風水について占う場合、世爻をその人自身、もしくは易占を頼んだ顧客とします。用神は「才」として考えられます。それは風水における「気」と似たものです。もし「才」の五行が動爻で強い場合、家がよい「気」を享受することを示しています。そして「子」の五行は、「才」の五行を生むため、好ましいと考えられます。あたかも「気」を生じるのと同じです。あまり好ましくない五行は「兄」と「父」の五行です。「兄」は「才」を剋し、「父」は「子」を剋すためです。

六爻卦は二つの八卦を含みます。上卦は外卦とも呼ばれ、外側の風水を示します。つまり、外環境、道、山、交通、オープンスペース、明堂《みょうどう》などを示します。下卦は内卦とも呼ばれ、家の中の風水を表します。つまり、キッチン、寝室、リビングルームそして基礎も含みます。六爻卦の爻ごとに調べることもできます。初爻は家の基礎、二爻は寝室と台所、三爻はリビングルームと家の中の入口、四爻は家の正門、五爻は家につながっている道、上爻は家の正面の離れた物体、オープンスペース、山、建物を示します。

もし六獣を六爻卦に割り振るならば、その動物をそれぞれの場所の風水をみるために使用することができます。六獣による伝統的な風水の分類は以下のとおりです。玄武は家の後ろ側、朱雀は家の正面、白虎は右側、青龍は左、螣蛇と勾陳は家の中央を示します。勾陳は曲線、曲がり角、もしくは鉤状の道を表し、その環境の中の道の形も意味します。

それゆえ易占によって家の風水についての多くの詳細情報を引き出すことが可能です。

それでは以下の例を見てみましょう。

質問：二〇〇一年の私の家の風水はどうでしょうか？

まず調べなくてはいけないのが世爻です。これは「官」の五行で、火の月の水の五行です。一般論でいうと、これは私がこの家ではあまり幸運ではないことを示しています。この「官」の二爻は動爻で「兄」である火を生み出します。火は「才」でありよい風水を象徴する金を剋します。そしてその攻撃は、火の月建が「兄」をサポートし、私の「才」にはサポートしませんのでとても強いといえます。

そのように、二〇〇一年の私の家の風水はそれほどよくないことを示しています。これら悪い活動は内卦に現れています。悪い風水は家の中、つまり、寝室に関係するということです。これはとても当たっています。私の寝室は南西にあり、北東に入口を持ちます。玄空飛星を学んでいる人ならば気づくでしょうが、二〇〇一年の悪い年運5は南西にきており、病気を表す星2は私の寝室の入口の北東に来ています。

それでは上卦を見てみましょう。これは建物の正門と外の環境を示しています。四爻は建物のドアで、西にあります。その爻はよい風水を示しており、「才」の動爻が「子」に変化して

世爻：私　**用神：才**　**月建：火**
宮卦：離（火）　**宮卦の五行：火**

得卦：☲☴ 鼎（火風鼎）

	兄 巳（火）	／		白虎
兄 巳（火）	子 未（土）	×	応爻	螣蛇
子 未（土）	才 酉（金）	○		勾陳
	才 酉（金）	／		朱雀
兄 午（火）	官 亥（水）	○	世爻	青龍
	子 丑（土）	／／		玄武

います。これは「才」を補強しサポートします。それゆえよい風水の入口といえます。実際のところ、この入口は水星7が来ておりました。

五爻も動爻になっております。それは「子」の爻で入口にある「才」をサポートしています。このサポートはとても強く、この土である「子」の爻は変化した火によってサポートされています。さらに火の月建によってもサポートされています。五爻は私の家に続く道を示しており、とてもよい風水です。その道は家の北西にあり、水星8と年運9が来ています。

上爻は「兄」で、否定的な意味を持ちます。家の正面の風水がよくないことを示しています。実際の状況としては、私の家は道の高さよりも下にあります。それゆえ正面に壁があり、旺じた（盛んな）エネルギーを遮断してしまいます。

易占起例４：米国と中国、２００１年飛行機衝突事故

二〇〇一年四月一日アメリカの電子偵察機が中国の戦闘機と衝突をし、中国側の操縦士と兵士が行方不明になりました。アメリカの飛行機は中国の海南島に緊急着陸し、飛行機と搭乗していた乗組員は中国側に拘束されました。

二〇〇一年四月五日においてこの外交上の危機の解決策は見えませんでした。当時次の質問の易占がなされました。

質問：二〇〇一年四月五日から三〇日以内に、中国とアメリカはこの飛行機事件の解決にたどり着くでしょうか？

これは二つのグループを巻き込む質問です。それゆえ世爻と応爻を用神として扱うのが一番よい方法です。この方法を使うならば、コインを投げる前にどちらのグループが世爻で、どちらのグループが応爻であるかを決める必要があります。

この例では、中国を世爻に、アメリカを応爻に取りまし

日晨：戊戌（土）　月建：壬辰（土）
宮卦：震（雷）　宮卦の五行：木
世爻：中国　応爻：アメリカ合衆国

得卦：☳☳ 震（震為雷）

	才	戌（土）	∥	世爻（中国）
	官	申（金）	∥	
才　丑（土）	子	午（火）	○	
（空亡）	才	辰（土）	∥	応爻（アメリカ）
	兄	寅（木）	∥	
	父	子（水）	／	

た。

解釈：

1．六爻卦の「震・震為雷」は「六冲卦」であります。それぞれの爻のすべての地支が他の爻と冲を起こすことを意味しています。初爻の子は四爻の午と、二爻の寅は五爻の申と、三爻の辰は上爻の戌と冲をそれぞれ起こします。六冲卦は二つのグループが争っている、摩擦が起こっていることを示し、中国とアメリカの状況を正確に表しています。

2．世爻―中国、応爻―アメリカは両者とも土の五行です。土の日の土の月において両国はとても強くなります。これは二つの超大国がそれぞれの主張を強く押し出していることを示しています。

3．四爻が動爻になっています。「子」が「才」（火が土）に変化しています。四爻は外卦にあり中国側であります。これは中国が先に行動を起こすことを示しており、これは通常では考えられない行動です。この行動は土の五行に変わり、土の五行は世爻と応爻を両方強めます。それゆえ、この中国の行動が両国間の橋渡しをする結果となるでしょう。この変爻は「才」であるので、その行動は経済的配慮を含むでしょう。

4．四爻を変えた後、六爻卦は「震（震為雷）」から震の上に坤がある「復（地雷復）」となります。後者は六合卦であります。この「復（地雷復）」䷗の地支の配置をみるならば、六つの爻のそれぞれがお互いと合をしていることがわかります。

初爻の子は四爻の丑と、二爻の寅は五爻の亥と、三爻の辰は上爻の酉と合の関係です。六合は六冲と正反対の関係です。これは調和と調停を示します。

5．結論として、この六爻卦は肯定的なメッセージを含んでいます。つまり中国とアメリカが三〇日以内に和解にたどり着くということです。和解は中国側によって提案される賢案によってもたらされます。そして両国は和解にたどり着いたときに、経済的配慮を心に留めています。

6．また、易占が行われた辰の日、アメリカは空亡の位置にあります。その日アメリカ側は合意の用意ができていないことを示しています。しかし、空亡は一〇日しか影響が及びません。合意はこの期間が終わってからもたどり着くことができます。

動爻は火の爻ですので、合意は火の日に行われる可能性が高いでしょう。結果として、中国はアメリカの乗務員を復活祭の前である四月一二日の火の日に解放しました。

易占起例５：取引パートナーとの契約更新の利益

背景：Aさんはある販売代理人と契約を結んでおり、その販売代理人はあまりよい結果を出していませんでした。彼との契約がもうすぐ切れるため、Aさんはこの販売代理人と契約を更新することが利益になるのかどうかを問いました。

質問：この販売代理人と契約を更新した際の、今後一二カ月におけるAさんの金銭的収入はどうであるか？

解釈：

1．世爻のAさんは火の五行で、火の月です。これは彼がよい運にいることを示しています。応爻は販売代理人ですが、木の五行で月の火によって消耗しています。それゆえ、この販売代理人は旺であるとはいえません。

日晨：甲戌（土）　月建：癸巳（火）
宮卦：離（火）　宮卦の五行：火
世爻：Aさん　応爻：販売代理人　用神：才

得卦：䷅ 訟（天水訟）

		子	戌（土）	／	
子	未（土）	才	申（金）	○	
		兄	午（火）	／	世爻（Aさん）
才	申（金）	兄	午（火）	×	
兄	午（火）	子	辰（土）	○	
		父	寅（木）	／／	応爻（代理人）

2．二番目のステップは金の五行で表される「才」を調べることです。三つの動爻があり、すべてが金銭面に関わります。

二爻――動爻である土は金を生みます。そしてこの土はとても強い土といえます。それは火に変化し土を強く生じるからです。この六爻卦において土は五神の「子」であります。この動爻が意味することは、代理人が知的な努力をして、Aさんの金銭的利益に貢献するというものです。これが代理人の努力とみなされるのは、この動爻が、代理人を示す応爻のある下卦にあるためです。

三爻――動爻である火は金を剋します。火の爻は五神の「兄」で、競争者が取引の金銭的利益を脅かしていることを示しています。しかし、この火は金に変わります。そしてこの金はAさんにとって金銭に関わり、五爻のAさんの「才」の爻を補強します。これが意味することは、競争者の行動がAさんからお金を取り上げることに失敗することを意味します。

五爻――これは「才」の爻であり、動爻で土に変化します。土は金を強めます。そのように、この爻もAさんがよい金運にあることを示しています。さらにこの「才」の五爻は上述したように二爻、三爻によってサポートされます。

3．上のすべての動爻はAさんの「才」にとって好ましくなっております。結論としてAさんはこの代理人と契約を更新するべきであることを示しています。

易占起例6：結婚の展望

背景：アンナは婚約者との関係が確かであるかわかりませんでした。彼らは婚約したのですが、相手のジョンは結婚式の日を先延ばしにし続けたのです。アンナは一二カ月以内にこの男性と結婚するかどうかを知りたいと思いました。

質問：私（アンナ）はジョンと一二カ月以内に結婚するでしょうか？

解釈：

1. これは動爻がない静かな六爻卦といえます。意味するところは両者にとって行動がないことを示します。それゆえ、一二カ月以内に結婚はなされません。

2. 世爻は金で、アンナを表しています。これは「子」の爻で金の月において強いといえます。これはアンナ

日晨：庚子（水）　月建：甲申（金）
宮卦：艮（山）　宮卦の五行：土
世爻：アンナ　応爻：ジョン　用神：官

得卦：☱☰ 履（天沢履）

兄	戌（土）	／	
子	申（金）	／	世爻（アンナ）
父	午（火）	／	
兄	丑（土）	／／	
官	卯（木）	／	応爻（ジョン）
父	巳（火）	／	

が強く知性的な女性で、よい運を持っていることを示しています。

3．木の応爻はジョンを示し、水の日晨によって生じられています。しかし、金の月建においては木の応爻は金の月建に剋され、弱いといえます。それゆえ長期的にジョンはよい運を持っているとはいえません。

4．実際のところ、ジョンは彼の職業でそれほど成功を収めておらず、アンナのほうが成功を収めて強いと感じていました。それゆえジョンはアンナと式を挙げる自信がなかったのです。

易占起例7：今後六カ月のパートナーとの関係

背景：ピーターはキャシーとビジネスパートナーシップを結んでいました。ピーターは彼らのパートナーシップの中の調和をとても大事にしており、彼は定期的にその関係が円滑にいくよう確認していました。

質問：今後六カ月のキャシーとの関係はどうなるか？

解釈：

1．これは六合となる卦であり、内卦のそれぞれの爻が外卦の爻と合の関係にあります。これはピーターとキャシーの調和的関係を示しています。

2．世爻は土のピーターを示し、火の月において強いといえます。この辰（土）は静かなように見えますが、日晨の戌（土）と冲の関係にあります。土の五行は強

日晨：戊戌（土）　月建：癸巳（火）
宮卦：離（火）　宮卦の五行：火
世爻：ピーター　応爻：キャシー

得卦： 旅（火山旅）

	兄　巳（火）	／	
	子　未（土）	／／	
	才　酉（金）	／	応爻（キャシー）
	才　申（金）	／	
官　亥（水）	兄　午（火）	×	
	子　辰（土）	／／	世爻（ピーター）

いので、この冲は活動的ということができ、辰（土）は応爻の金を生じ強めます。そしてこの応爻はキャシーを表します。この配置はピーターがキャシーを積極的にサポートする図式です。

3．二爻――火の爻は「兄」で動爻です。これは応爻のキャシーの金を剋します。これはある競争者がキャシーと争い、彼女の利益を脅かしていることを反映しています。しかし、この火の爻は水に変わります。この水は火を剋します。それゆえ、キャシーにとってマイナスの行動は失敗に終わるということを示しています。

易占起例8：過去世における二人の関係

背景：私がある新しい友人に出会ったとき、すぐに私たちは意気投合し、ある種のつながりを感じました。それは昔から知り合いだったような感覚でした。そして友情が発展し、私の友人は超能力者に相談し、私たちが過去世において何か関係があったのであるという答えを得ました。疑問に思って私は次の易占をし、その超能力者のいうことを確かめました。

質問：過去世において私たちは近い関係にあったのか？

解釈：

1．これは六合となる卦であり、下の八卦である内卦の爻と上の八卦である外卦のそれぞれの爻が合の関係となります。これは私と友人のまったくの調和を反映しています。動爻を変化させた後も、変卦は坤（地）の

日晨：戊申（金）　月建：甲申（金）
宮卦：兌（沢）　宮卦の五行：金
世爻：私　応爻：私の友人

得卦：䷮ 困（沢水困）

父　戌（土）	父　未（土）	×	
	兄　酉（金）	／	
	子　亥（水）	／	応爻（友人）
	官　午（火）	／／	
官　巳（火）	父　辰（土）	○	
	才　寅（木）	／／	世爻（私）

上に乾（天）がきており、これも六合となる卦であります。これが意味することは、最初から最後まで調和的な関係が続くということです。

2．世爻は私を示し寅（木）です。そしてそれはとても弱く、月建と日晨の申（金）と冲の関係を持っています。この世爻は「才」であり、私の金運が悪いことを示しています。

3．応爻は私の友人を表し、水の爻で月建と日晨の金からサポートを受けるため強いといえます。それは私の友人がよい運にあることを示しています。水は木を助けてくれますので、友人が私を助けてくれることを示しています。

4．しかしながら、二つの動爻は土の五行です。この土は活動的で水を剋します。友人が私を助ける行動は、土の五行である「父」からの強い障害に遭うことを示しています。「父」は両親を示しています。

5．しかし、その六爻卦の変爻結果はまだ六合の関係です。それゆえ年長のものからの反対にもかかわらず、私の友人は私を助けてくれ、サポートしてくれます。この六爻卦の結果は過去世において私たちに関係があったことを示唆しています。

易占起例9：ある友人の現状を調べる

背景：私は定期的にEメールで連絡を取り合っている友人がいます。しかし、彼女と突然一カ月ほど連絡が途絶えてしまいました。彼女に何が起こったのかと思い、私は以下の易占を立て、彼女が大丈夫であるか調べました。

質問：今の友人の状況はどうであるか？

解釈：

1．世爻は私の友人です。彼女は土の爻で表され、「才」であります。これは動爻のため火で表される五神の「子」に変化します。これは土である「才」を強めます。それゆえ彼女は積極的にビジネスをしていると解釈できます。土の五行は火の月建の下では強いです。これは彼女が強くてよい運にいることを示しています。
もう一ついえるのは、彼女の土の五行が活動的で二

日晨：己亥（水）　月建：癸巳（火）
宮卦：震（雷）　宮卦の五行：木
世爻：友人

得卦：☷☴ 升（地風升）

		官	酉（金）	⁄⁄	
		父	亥（水）	⁄⁄	
子	午（火）	才	丑（土）	×	世爻（友人）
子	午（火）	官	酉（金）	○	
		父	亥（水）	⁄	
		才	丑（土）	⁄⁄	応爻

つの金の五行をサポートしているということです。一つは上爻で、もう一つは三爻です。これらは「官」であり、仕事、義務、男性を示しています。

2. これら二つの金の「官」の爻を調べると、一つは外卦にありもう一つは内卦にあります。外卦は遠く離れていることを示し、内卦は家に近いことを示しています。内卦の金は動爻で火に変化し、金自身を剋します。また火の月建は金にとっては悪い月建です。それゆえ、家に近い男性、可能性としては彼女の夫が悪い運にいるということを示しています。

3. 私の友人である世爻は土で表されます。これは「官」である彼女の夫を助けます。しかし同時に彼女は火に変化し夫を表す金を剋します。

4. 私の結論としては、彼女は健康であり、なおかつビジネスは自国でも海外でもうまくいっています。しかし、彼女は夫か他の男性との人間関係に問題があります。彼女の夫は幸せではなく、それゆえ彼女は仕事がうまくいっているにもかかわらず、落ち込んでいるというものです。このことは後になって正しかったと証明されました。

易占起例10：健康問題　医療手術を検査する

背景：ジェニーは医療検査をして子宮に腫瘍があることがわかりました。医師は彼女になるべく早くその腫瘍を取り除く手術をするよう勧めました。しかしながら、その手術が彼女の将来の妊娠にどの程度の影響を及ぼすか明らかになっていませんでした。

質問：腫瘍を取り除く手術をしても大丈夫であるか？

日晨：乙卯（木）　月建：壬辰（土）
宮卦：艮（山）　宮卦の五行：土
世爻：ジェニー

得卦：☰☱ 履（天沢履）

		兄　戌（土）	／	
		子　申（金）	／	世爻（ジェニー）
兄　未（土）		父　午（火）	○	
兄　辰（土）		兄　丑（土）	×	
		官　卯（木）	／	応爻
		父　巳（火）	／	

解釈：

1．世爻はジェニーを表し、金は土の月建によって生じています。これはジェニーがよい運にいることを示しています。

2．四爻は動爻で火の爻です。それは金の世爻を剋します。この火の五行は「父」であり、困難または手術を象徴します。しかし、この動爻は土に変わり、金の世爻を生じます。これは手術がジェニーをサポートすることを示しています。それゆえ、手術は彼女にとって有益です。

3．三爻も動爻です。これは「兄」の爻で土の五行です。これは同じ土の五行に変化します。これらすべての土の五行は世爻の金を生じて助けます。これは多くの友人がジェニーをサポートし、この危機に対して激励していることを示します。

4．それゆえ結論として彼女は手術を受けるべきで、成功して利益になることを示しています。

易占起例11：健康問題　義父の病状を検査する

背景：私の易のクラスにおいて、誰かに何か質問をしてもらい、実際に易占をどのようにやるかを見せるようにしています。義理の父親が入院しているという ある人が、その父親の回復の見込みを調べて欲しいと手を挙げました。

質問：義父の病気からの回復の見込みはどうか？

解釈：

1．世爻は私の生徒を表し、申で金であります。これは月建と日晨の寅の二つから冲を受けています。生徒が落ちつかなくとても心配していることを示しています。動爻は木に変化します。そしてこれは五神の土の「父」を剋します。五神の「父」は義理の父親を表します。これは生徒の心配はその父親を助けることができないことを示しています。

日晨：甲寅（木）　月建：庚寅（木）
宮卦：兌（沢）　宮卦の五行：金
世爻：ある生徒　用神：義父

得卦：䷞ 咸（沢山咸）

	父 未（土）	//	応爻
	兄 酉（金）	/	
	子 亥（水）	/	
才 卯（木）	兄 申（金）	○	世爻（生徒）
	官 午（火）	//	
	父 辰（土）	//	

2．用神は五神の「父」で、その父親を象徴しています。これは上爻にあります。これは土の五行で月建と日晨の木の五行により剋されとても弱いです。三爻の動爻も「父」を剋します。これは義父の状態がとても悪いことを示しています。

3．「父」の五行（土）への剋は三爻の金の五行から始まっています。それゆえ、この父親は金の病気を患っています。それは呼吸器に関係するものでしょう。その生徒は父親の病気が喘息であることを教えてくれました。

4．「父」の五行（土）は春の季節である月建の木の五行からひどく剋されています。それゆえ、夏以前には回復の見込みはないでしょう。

易占起例12：家の購入の見込みを調べる

背景：私の顧客が家を購入したいと考えています。しかし、売り手が販売を決め、私の顧客が購入の契約を売り手と結ぶ日に、その売り手が現れませんでした。私の顧客に何が起こったのか、そして七日以内にその家の購入ができるのかを調べたいと思いました。

質問：七日以内に家を購入できる見込みはどうか？

解釈：

1．世爻は買い手としての顧客を象徴し、金の五行で表されています。この金はとても弱く、月建と日晨の火によって剋されます。それゆえ、買い手の顧客は運がありません。世爻は動爻でもあり、火に変化します。そしてその火は元の動爻の五行である金を剋します。顧客が家を購入するという行動は失敗に終わるでしょ

日晨：甲午（火）　月建：癸巳（火）
宮卦：坤（地）　宮卦の五行：土
世爻：私の顧客　応爻：家の売り手

得卦：☵☰ 需（水天需）

	兄　戌（土）	才　子（水）	×	
		兄　戌（土）	／	
	父　午（火）	子　申（金）	×	世爻（顧客）
		兄　辰（土）	／	
	父　午（火）	官　寅（木）	○	
（空亡）	兄　辰（土）	才　子（水）	○	応爻（家の売り手）

う。

2．上爻も動爻です。これは「才」の爻で水が土に変化します。そして土が水を剋します。これは金銭取引が失敗することを示しています。

3．「官」の二爻は動爻でもあります。これは寅の爻で世爻の申と冲を起こします。この「官」は火に変わります。そしてその火が世爻を剋します。これは私の顧客が冲で剋されていることを示しています。つまり、法取引成立のための障害を表しています。そしてそのような障害は「官」の五行からきます。つまり、法的問題です。

4．応爻は売り手を示しています。そして水の五行で火の月建、火の日晨においてとても弱いといえます。売り手も悪い運にいることがわかります。これは動爻であり土に変化します。これは翻って水の応爻（売り手）を剋します。買い手である顧客の行動も失敗するでしょう。変爻の辰は空亡です。そして「才」の五行が空亡に変わることは、取引が失敗することを示しています。

5．結論は否定的です。私の顧客は七日以内に家を買えないでしょう。障害は「官」の五行である法的問題からきております。あとでわかったことでは、売り手は家を売るための所有権に関する法的問題で家を売れなかったということです。

易占起例13：伏神《ふくじん》　紛失物を調べる

背景：ある私のクラスにおいて、教室の後ろに飾られていた特製デザインの腕時計がなくなりました。生徒は易占をして誰がその時計を盗んだのか調べるように私に依頼しました。

質問：誰が時計を盗んだのか？

解釈：

1．質問は価値のある物品についてです。これは「才」の五行で表されます。それゆえ、用神は「才」となります。しかし得られた六爻卦に「才」の爻はありません。それゆえどこに「才」が隠れているか調べなくてはいけません。「才」を見つけるために、得られた六爻卦である「中孚」の首卦「艮・艮為山」を参照することができます。首卦には常に五神が揃っているから

日晨：甲午（火）	月建：癸巳（火）
宮卦：艮（山）	宮卦の五行：土
世爻：私	用神：才

得卦：☴☱ 中孚（風沢中孚）

	官　卯（木）	／	
（空亡）	父　巳（火）	／	伏神：才　子（水）
	兄　未（土）	／／	世爻（私）
	兄　丑（土）	／／	
	官　卯（木）	／	
	父　巳（火）	／	応爻

です。「才」は水の五行ですので首卦の中で伏神である水の五行を探すと、五爻にあります。つまり、水の五行である伏神の「才」は五爻に隠れています。

2. 隠れている「才」の場所を五爻に見つけた後、次のステップは水の五行が隠れている場所から現れるかどうか、状況を調べることです。これは五爻に何の五行があるか、そして季節がその隠れている五行を助けるかどうかによります。

ここでの例でいうと、季節は火で、水を助けません。そして五爻も火の五行で水を助けません。これは「才」の爻で表される時計が見つからないことを示しています。

3. それでは誰がこの時計を盗んだのでしょうか？

六爻卦が名前を明かすことはありません、しかしながら、その人のいくつかの情報を与えてくれます。その人の性質は五爻から引き出すことができます。五爻は「父」の五行です。人に関していうと、父は年長の人や母も象徴します。爻は「巽（風）」である女性の卦の中にありますので、その人は女性といえます。

さらに巳の爻であり、巳年に生まれた人である可能性があります。巳は空亡ですので、その人はもはやそのクラス内にはいないということがわかります。

＊伏神：六爻卦に出現していない五神の爻を伏神と呼ぶ。

易占起例14：ある物を推測する①

背景：私の誕生日に、アメリカの友人が私宛に誕生日プレゼントを送ったと話しました。私は易占をして彼女が送ってくれたプレゼントを推測してみました。

質問：私の誕生日プレゼントはなんでしょうか？

解釈：

1．世爻は「才」で用神です。これは土の五行で金の月建と日晨では弱いです。しかしそれは動爻で火である「子」の五行に変わり、世爻である「才」の土をサポートします。私の解釈はその贈り物はそれほど高価ではないけれども、知的なプレゼントであるということです。プレゼントは値段ではなくて、そのプレゼントに対する考え方が重要であるということです。

日晨：丙申（金）　月建：辛卯（木）
宮卦：震（雷）　宮卦の五行：木
世爻：私　応爻：プレゼント　用神：才

得卦：☴☷ 升（地風升）

	官	酉（金）	//	
	父	亥（水）	//	
子　午（火）	才	丑（土）	×	世爻（私）
子　午（火）	官	酉（金）	○	
	父	亥（水）	/	
	才	丑（土）	//	応爻（プレゼント）

2．三爻は「官」の動爻です。「官」は規律です。そしてそれはなにか真面目なことを反映します。真面目で有益なものです。しかし「官」の酉は月建の卯と冲を起こします。そのような冲は「官」の効果を弱めて無効にしてしまうかもしれません。また、「官」の爻は「子」に変わります。そして火は「官」の金を剋します。

そのように私はそのものが真面目なものではないと結論づけます。「子」は自由、反発、娯楽、創造性を示します。それゆえそのプレゼントは真面目なものではなく、楽しいものだと思われます。

3．私が受け取ったものはたくさんのものです。本、便箋などです。しかし、主要なものはとても可愛らしいテディベアでした、つまり、おもちゃです。

易占起例15：ある物を推測する②

背景：私の優秀な生徒の一人が誕生日プレゼントを贈ってくれました。私は彼女に中身が何かいわないようにいい、易占で当ててみようと申し出ました。私は易占で出た答えからプレゼントの内容をいい、彼女がその正確さにとても驚いた例です。

質問：私への誕生日プレゼントは何でしょうか？

解釈：

1．応爻は五神の「父」で金の爻です。これは有益なもの、教育に関わるものです。酉は陰金ですので、プレゼントは小さい金属製のものかもしれません。

2．四爻が動爻になっています。それは「官」の爻で土の五行です。土の月建においてこの爻は強くなります。

日晨：庚子（水）　月建：壬辰（土）
宮卦：坎（水）　宮卦の五行：水
世爻：私　応爻：プレゼント　用神：才

得卦：☷☵ 師（地水師）

	父 酉（金）	／／	応爻（プレゼント）
	兄 亥（水）	／／	
才 午（火）	官 丑（土）	×	
	才 午（火）	／／	世爻（私）
	官 辰（土）	／	
	子 寅（木）	／／	

さらに変爻の五行が火であり、土を生じるため強くなります。そのため「官」の五行がとても強く、そのプレゼントが真面目なもの、規律に関係するものである可能性があります。「官」は土ですので土の五行を含むプレゼントかもしれません。

3．世爻は「才」で弱く、日晨の「子」と冲を起こします。それゆえプレゼントは高価なものではないでしょう。

4．私の推測では、その物は役に立ち、真面目で、小さく金属製で土の五行を含みます。結果として私は美しい金属とプラスチックで構成されるスウォッチをもらいました。プラスチックは土の五行と考えられます。

易占起例16：サダム・フセインはなぜ捕まったか？（第二次湾岸戦争における四柱推命と易占）

「サダム・フセインは弱い木の命式で、水と木のサポートが必要です。そのため強い火の午年や強い土の未年は彼にとって好ましくありません。未は燥土で砂漠を表しています。一九九一年の未の年に彼は湾岸戦争でクウェートから退却しました。二〇〇三年の未の年ももう一つの湾岸戦争を刺激するかもしれません。特に彼は丑の年に生まれ、この丑は未と冲を起こし、彼の不安定さを表しているからです。そのような冲と彼の土の五行による悪い運は彼にとっての最後になる可能性があります」

上の記述はサウス・チャイナ・モーニングポスト（南華早報）のウェブサイト（www.scmp.com）に二〇〇三年の特集として、私が投稿したものです。新年の前日に行われたCNNのインタビューでも私は同じ見解を述べ、これは香港の新聞の蘋果日報に二月一日の旧正月の日に掲載されました。その当時、イラクに対する戦争は回避できると人々はまだ考えていました。

私の予測はサダム・フセインの出生日をもとにしています。一九三七年四月二八日です。次ページに彼の命式があります。彼の出生時間はわかっておりません。

サダム・フセインは陰木の人で、春の後半である四月二八日生まれなので、木の力が弱くなっています。

知られている三つの柱には水の五行がまったくありません。それゆえ、彼自身を表す日元の木は弱く、水と木のサポートが必要だとわかります。そして火と土の五行は好ましくなく、それらは彼の木のエネルギーを消耗させます。

六五歳のとき、サダムは戊戌の大運にいてこれは土の上にさらに重い土がのっています。これは悪い運です。その当時は未の年で土の年であり、さらに彼に圧力を加えます。彼は丑年生まれのため、未と沖を起こすだけでなく、丑、未、戌で三刑を同時にその年に起こします。ここから彼がとても危険な年にいることがわかります。

時	日	月	年
？	乙木	甲木	丁火
？	酉金	辰土	丑土

68	58	48	38	28	18	8
丁火	戊土	己土	庚金	辛金	壬水	癸水
酉金	戌土	亥水	子水	丑土	寅木	卯木

最初の湾岸戦争は、一九九一年に起こっています。この年も未年です。彼の年支の丑と年柱の未が沖を起こし、クウェートから退却しました。当時、彼の大運は己亥（水）でまだよい運にありました。明らかに亥の水の五行が彼の命を助けたといえるでしょう。

しかしながら二〇〇三年に彼は戊戌の大運にいますので、彼の悪い運から逃れるためには奇跡が起こるしかないといえます。私の著書である、『風水と家族の運（仮題）』（日本未発売）において、私はダイアナ妃の悲劇を分析し、ダイアナ妃は弱い木の女性であり、彼女にとって好ましくない戊戌の大運のときに亡くなっていることを記述しました。

この状況は、サダム・フセインの状況と酷似しています。ダイアナ妃はトンネルの中で亡くなりました。土の五行にとらわれて亡くなったといえます。サダム・フセインが最後の日に、土に囲まれたのと同様な状況を迎えるとしても驚きはしないでしょう。

私はいくつかの易占で先制攻撃とサダム・フセインの運命を占ってみました。結果はとても興味深いものなので、読者にも見てもらいたいと思います。

1. 質問：二〇〇三年サダム・フセインに何が起こるか？

日晨：癸卯（木）　月建：癸丑（土）　2003年1月
宮卦：震（雷）　宮卦の五行：木
世爻：サダム・フセイン

得卦：☱☳ 随（沢雷随）

		才	未（土）	∥	応爻（アメリカ）
		官	酉（金）	／	
		父	亥（水）	／	
	（空亡）	才	辰（土）	∥	世爻（サダム）
兄　卯（木）		兄	寅（木）	×	
		父	子（水）	／	

解釈：

1. 世爻はサダム・フセインで彼は土の五行の上にあり、一月においては弱くなっていきます。辰は易占をした日においては空亡です。これはサダム・フセインが攻撃されやすく弱い状態にあることを示しています。

2. 動爻の二爻は木で土のサダム・フセインを積極的に攻撃します。これは二〇〇三年に彼は攻撃を受け、その攻撃は木の季節、つまり、春に始まる確率が高いことを示しています。

3．動爻の二爻は木の寅で木の卯に変化します。これは進神であり、攻撃がより重大になることを示しています。そして卯の月である、二〇〇三年三月に攻撃が大きくなる可能性があります。

4．二爻の変化は六冲となる卦へと変化します。これは明らかに戦争を表しています。

5．内卦の強い動爻は背後からの攻撃、イラク内部からの攻撃も示しています。

コメント：

上述の易占はとても正確で、アメリカ合衆国は二〇〇三年三月の卯の月に先制攻撃を開始しました。

2．質問：三〇日以内にアメリカはイラクに攻撃するか？

解釈：

1．世爻はアメリカ合衆国で、金の申の動爻で、イラクを表す木の応爻を剋します。これは攻撃がすぐに始まることを示しています。しかし、アメリカの金は季節に合わず、卯の月の三月においては弱いです。イラクは木で三月に強いでしょう。そのように攻撃は難しく、アメリカも損害を被るでしょう。

2. 世爻は金の動爻で水の「才」に変化します。これは応爻のイラクをサポートし、ブッシュ大統領の攻撃初日の演説と合致します。彼はイラク再建のために経済的援助を提供しました。

3. 外卦の中の四爻は火の動爻で、世爻で金のアメリカを剋します。これは反アメリカの動きがあることを示しています。つまりアメリカの攻撃に対する世界的な反戦運動です。しかしこの運動は攻撃をやめさせるには至らないでしょう。というのもそれは土の五行に変化し、世爻の金の五行を生じるからです。

4. 応爻は木でイラクを表します。これは動爻で金の五行の攻撃からの抵抗を示します。しかし、その爻は卯から寅に変わり、十二支の順からいうと逆方向となります。これは「退神」を表し、イラクの降伏を意味する可能性があります。

5. イラクの応爻は春、特に卯の月に強くなります。

日晨：己丑（土）2003年3月17日シンガポールの易のクラスにおいて
月建：乙卯（木）
宮卦：艮（山）　宮卦の五行：土
世爻：アメリカ　応爻：イラク

得卦：䷉ 履（天沢履）

	兄　戌（土）	／	
才　子（水）	子　申（金）	○	世爻（アメリカ）
兄　戌（土）	父　午（火）	○	
	兄　丑（土）	／／	
官　寅（木）	官　卯（木）	○	応爻（イラク）
	父　巳（火）	／	

そのように卯の月に強い抵抗が見られるでしょう。アメリカは四月五日に卯の月が終わるまでは任務を完遂することはできないでしょう。

コメント：

この易占は、二〇〇三年三月一七日シンガポールでの易のクラスで二〇人以上の生徒の前で行われました。この日はまだアメリカの攻撃が始まっていませんでした。そして結果は明確に、その直後に出来事が発展することを示しています。

これはサダム・フセインの私による四柱推命分析ともよく一致しています。弱い木の人として彼は三月に強いサポートを受けます。しかしながら、四月に強い土の五行が来るときに、その木のサポートは次第になくなっていきます。

易占起例17：サッカーの試合結果を予測する（チェルシーとマンチェスター・ユナイテッド）

背景：シンガポールの易の授業で、ある生徒がその夜、大変重要なサッカーの試合が行われるといいました。サッカーの試合の結果を知りたい、その試合とはチェルシーとマンチェスター・ユナイテッドの試合であると、彼はいいました。

質問：今夜行われるサッカーで、どちらのチームが勝利するか、チェルシーか、マンチェスター・ユナイテッドか？

解釈：

1．世爻の辰（土）はマンチェスター・ユナイテッドで辰の月建である土から生じています。応爻の巳（火）はチェルシーで巳の日晨である火から生じています。そのため、マンチェスター・ユナイテッドは長期的に

日晨：辛巳（火）　月建：壬辰（土）
宮卦：乾（天）　　宮卦の五行：（金）
世爻：マンチェスター・ユナイテッド　応爻：チェルシー

得卦：☲ 大有（火天大有）

父　戌（土）	官　巳（火）	○	応爻（チェルシー）
	父　未（土）	//	
	兄　酉（金）	/	
	父　辰（土）	/	世爻（マンチェスター）
	才　寅（木）	/	
	子　子（水）	/	

みて強いチームであります。しかし、チェルシーは試合の日にはよい運を持つかもしれません。

2. チェルシーは動爻で、戌に変わります。そしてそれは世爻の辰と冲を起こします。これが意味することは、チェルシーがマンチェスター・ユナイテッドに、積極的な攻撃を与えるということです。しかし、戌は月建の辰と冲を起こしますので、攻撃はつぶされ、効果が上がらないということです。

3. チェルシーは動爻の巳（火）の上にあり、敵である辰（土）を生じます。これは、有利な状況を与え、敵に利益を与えます。それゆえ、易占からみえる全体図はチェルシーの攻撃が失敗し、負けるという様子を表しています。

4. 六爻卦は六冲となる卦となります。

5. 次の日の朝、私はシンガポールの生徒に結果がどうなったかを尋ねました。彼は自分が間違えたことを認めました。その試合はチェルシーとリバプールの試合でした。

6. 易占は正しくて、(a)チェルシーが負けること、(b)六爻卦が、六冲となる卦に変わってしまうということから、質問自体が間違っていることを示しています。

易占起例18：コールドプレイのコンサートチケットを手に入れることができるか？

背景：この質問は、二〇〇八年九月にベルリンで行われたクラスの時に立てられた質問です。英国のバンドであるコールドプレイが、ベルリンでコンサートを開いていましたが、すべてのチケットが売り切れ状態でした。生徒たちはショーが始まる前に、三枚のチケットが入口で購入できるか聞きました。

質問：コールドプレイのコンサートでチケットを三枚買えるか？

解釈：

1．「父」は、文書やチケットを象徴します。六爻卦の中に三つ出てきています。これは私たちが手に入れようという、三枚のチケットを示しています。

日晨：戊午（火）　月建：辛酉（金）
宮卦：坤（地）　宮卦の五行：土
世爻：生徒　応爻：コンサート　用神：父

得卦：☷☷ 坤（坤為地）

		子	酉（金）	∥	世爻（生徒）
		才	亥（水）	∥	
父	午（火）	兄	丑（土）	×	
		官	卯（木）	∥	応爻（コンサート）
官	卯（木）	父	巳（火）	×	
父	巳（火）	兄	未（土）	×	

2．初爻の変爻した「父」の巳（火）が、動爻する前の「兄」である未（土）を生じて助けています。これは、チケットが手に入れやすいことを示しています。チケットを売る人は友好的で協力的です。

3．二爻の「官」は「父」を生じて、「父」は世爻の「子」酉（金）を剋します。このチケットを売る人はそれほど友好的ではありません。

4．四爻の「父」は兄を生じて、「兄」は動爻で世爻をサポートします。これは、2．と似ています。このチケットを売る人は友好的で協力的です。

5．結果として私は二人の生徒とコンサート会場に向かいました。私たちは二枚の立ち見席をとてもフレンドリーな男性から、定価で買うことができました。ただし三枚目の座席のチケットは定価より高い値段で買うことになりました。

易占起例19：マイケル・ジャクソンは殺されたのか？

これは、Ms.Georgia Kiafiによってなされた易占です。質問と分析は私のコミュニティーフォーラムに二〇〇九年七月四日にポストされました。

私は、Ms.Georgia Kiafiの協力にとても感謝します。

質問：マイケル・ジャクソンは殺されたのか？

解釈：

1．世爻はマイケル・ジャクソンで、彼は金の五行の「兄」で表されます。火の日晨、火の月建でとても弱い状態です。

2．「官」は殺害者もしくは病気を表します。この「官」は火の日晨の火の月建に、とても強いですが動爻にはなっておりません。これは、殺害者ではなく、重病で

日晨：丙午（火）　月建：庚午（火）
宮卦：兌（沢）　宮卦の五行：金
世爻：マイケル・ジャクソン　用神：世爻（マイケル・ジャクソン）

得卦：䷦ 蹇（水山蹇）

	子　子（水）	∥	
	父　戌（土）	／	
子　亥（水）	兄　申（金）	×	世爻（マイケル・ジャクソン）
	兄　申（金）	／	
	官　午（火）	∥	
	父　辰（土）	∥	応爻

あることを示しています。

3. 世爻の四爻は「兄」で動爻です。これは「子」を生みだし、その「子」は「官」を剋します。これが意味することは、マイケル・ジャクソンは自分の病気と闘うことを試みたことを意味します。「子」は病気の「官」と戦うための薬であると解釈できます。

4. しかし、「官」である午（火）は日晨と月建の火から助けられており、とても強いです。薬を表す「子」の水はとても弱く、病気の「官」と闘えません。

5. そのように、殺害者はなく、単に病気が治らず、彼は亡くなりました。

易占起例20：二〇一二年に地球では破滅的な災害があるか？

近年、二〇一二年一二月二一日に最後の審判の日が訪れると、人々は心配しています。ハリウッド映画『2012』が公開されてから、さらに人々の不安が高まっています。その映画の中で、俳優のジョン・キューザックはイエローストーン国立公園にてある男に出会い、その男は、最後の審判の日の予言を聖書、マヤ暦、そして易経の中に見つけることができると言っています。

易と二〇一二年の関係は、二〇〇〇年に亡くなったテレンス・マッケナによる〝*The Invisible Landscape: Mind, Hallucinogens, and the I Ching*〟『非可視の風景：精神、幻覚剤、易経（仮題）』に書かれています。彼は文王の書である『周易』の六十四卦の配置から洞察を得ました。『周易』の中では文王は六十四卦の特別な配置を持っていて、天と地を最初の一、二番目の六十四卦におき、三〇の組み合わせをつくることにより、最後の二つの六十四卦が水が火の上にくる卦（「既済」）と火が水の上にくる卦（「未済」）で終わります。このような連続は天地に始まり、火水に終わる異なる段階の発展を表しています。

この順序にインスピレーションを受け、マッケナは六十四卦の三百八十四爻のそれぞれに数学的な値を当てはめました。すると彼は世界的に重要な出来事のタイミングを映し出す、曲線に行きついたのです。この曲線中のそれぞれの最上部と最下部には文明の重要な段階と一致しております。彼はこれを〝タイムウェーブ理論〟と呼び、この理論によると、文王の六十四卦の三百八十四爻を時間に翻訳することができます。そして地球上で起きた重大な出来事の周期を見つけることができます。彼が提唱した最も面白い理論は、仮に二〇一二年一二月二一日を曲線の最終点とした場合、曲線上のすべての頂点と最下点が人類史上の重大な事象と一致するということです。それゆえ、彼は曲線が最下点にあたる二〇一二年一二月二一日を世界最後の日と考えています。

このように、『易経』そのものは、二〇一二年については、正確に予言をしていません。易経がマッケナにタイムウェーブ理論を発見させるインスピレーションを与えたというに過ぎません。六十四卦の最後の二つの卦である「既済」「未済」の意味は世界の終わりという意味を含んでいるわけではなく、反対に、終わりがないことを示しています。というのも、変化はまだ完成していないからです。それは自然界にある、多くの螺旋状の変化のようなもので、一年の四季が終わると、次の年の一年が始まるようなものです。それゆえ、『易経』によって「最後の審判の日」が予言されているというのは間違いであります。

それでは、『易経』と世界の終わりとを結びつけるものは何か存在するでしょうか。私が一番関連性があると思うのは、宋の時代の邵雍が記した『皇極経世書《こうぎょくけいせいしょ》』です。邵雍は易の大家で、中国の時間単位を発明し、それらを、元、会、運、世という単位によって区切りました。

邵雍はまた、世界年というものを六十四卦に則って六十四期に分割しました。六十四期の順番は、文王の六十四卦の順番と同じで、乾、坤で始まります。しかし、それぞれの期に割り当てられた年数は異なります。

このシステムによると、現在私たちは八期におり、次の段階に移行するまでにまだ六万年もあります。そして文明の終末や地球の終わりまでには、たくさんの期間が残っております。考え方はタイムウェーブ理論と似ていますが、邵雍はとても長い時間を採用しています。

時間を一元一二九六〇〇年に分類する他に、邵雍はそれぞれの年に六十四卦を配しました。二〇一二年は「復・地雷復」䷗ に当たります。この卦は再生、新しい段階の始まりを示し

1元　＝　12会
360運（12×30）
4320世（12×360）
129600年（4320×30）

一期	乾為天 – 期間：60,000元 (60,000×129,600 =7,776,000,000年) 地球の誕生
二期	坤為地 – 期間：3,600元 (3,600×129,600＝466,560,000年) 古代
三期	水雷屯 – 期間：1,000元 (1,000×129,600＝129,600,000年) 大陸と海の形成
四期	山水蒙 – 期間：124元 (124×129,600＝16,070,400年) 植物と草木
五期	水天需– 期間：36元 (36×129,600＝4,665,600年) 動物の出現
六期	天水訟– 期間：10元 (10×129,600＝1,296,000年) 大洪水
七期	地水師 – 期間：5元 (5×129,600＝648,000年) 人類の出現
八期	水地比 – 期間：1元＝129,600年 人類の文明—現在私たちはこのステージの中間にいる。
九期～ 五十七期	風天小畜～巽為風 - 期間：50元 (50×129,600＝6,480,000年) 文明の存続
五十八期	兌為沢 – 期間：5元 (5×129,600＝648,000年) 人類の衰退
五十九期	風水渙 – 期間：10元 (10×129,600＝1,296,000年) 大洪水
六十期	水沢節 – 期間：36元 (36×129,600＝4,665,600年) 種の衰退
六十一期	風沢中孚 – 期間：124元 (124×129,600＝16,070,400年) 植物が生長できなくなる
六十二期	雷山小過 – 期間：1,000元 (1,000×129,600＝129,600,000年) 大陸の埋没
六十三期	水火既済 – 期間：3,600元 (3,600×129,600＝466,560,000年) 地球の最後
六十四期	火水未済 – 期間：60,000元 (60,000×129,600＝7,776,000,000年) 時間の最後
合計	129,600元

ます。

易は易占ともいい、予言や神託の道具でもあります。易占はある質問に対する答えを見つける際に使われます。そのため、下記の質問を立てて、易占をしてみました。

質問：二〇一二年に破滅的な災害があるかどうか？

解釈：

1. 地球は世爻となり戌（土）で、土の五行です。この土の五行は水の月建と、日晨の木によって弱くなっております。
2. 二爻は木の動爻で世爻の土を剋します。木が寅から卯に変化しますので、進神です。これが意味することは、攻撃が重大であることです。これは、「兄」のようなもので、地球を破壊する私たち人類と解釈できます。たぶん、私たちの間違った行動が自然に多大なダメージを与えることを意味しているのかもしれません。

日晨：丙寅（木）　月建：乙亥（水）
宮卦：巽（風）　宮卦の五行：木
世爻：地球　用神：世爻

得卦：䷚ 頤（山雷頤）

	兄　寅（木）	／	
	父　子（水）	／／	子　巳（火）伏神
官　酉（金）	才　戌（土）	×	世爻（地球）
	才　辰（土）	／／	
兄　卯（木）	兄　寅（木）	×	
	父　子（水）	／	応爻

3．世爻は動爻で「官」の酉（金）を生みだします。そして「兄」の寅（木）と戦います。しかし、木は月建と日晨からの助力があるために金にとっては強すぎます。「官」は地球温暖化に対する法律、規制を表すことができますが、弱すぎて効果を発しません。

4．土の五行は「子」である火のサポートがなくてはいけません。しかし、火は六爻卦には現れていません。伏神の火が巳の場所は五爻にあり、水の五行のもとに座っています。木の日晨で火を生じていますが、水の季節で、火を抑えてしまっています。

5．そのため、「子」の強さはとても弱いことになります。「子」は地球へのさらなるダメージから救う方法と解釈ができます。そして、そのような地球救出は弱く、効果が難しいです。

6．しかし、六爻卦はダメージが「兄」からくることを示しています。これが意味することは私たちが自分たちを傷つけるということです。そのため、地球温暖化の影響が急激になるなど読み取れますが、たとえば、彗星の衝突や、太陽嵐、地軸のシフトなど、地球の終わりがくるようなサインは出ていません。

最後に、二〇一二年一二月二一日の四柱推命を見ずに私たちは、この日に地球が滅亡するかどうかの結論を出すことはできません。

この日は、壬辰の年で、辰は水を蔵干に持ち、土の力も強いです。辰の年は通常地震が他の年よりも多くなります。例の一つとして、一九七六年にあった中国の唐山地震があげられます。この地震では死傷者が二

日	月	年
丙	壬	壬
辰（土）	子（水）	辰（土）

四万人以上出ましたが、この一九七六年は丙辰年でありました。

壬は海の恐ろしい水にたとえることができます。特に一二月の子月にはとても強くなります。先程の四柱推命を見るとき、天干に二つの壬が来ています。そしてこれが二一日の丙日と冲を起こします。そして、地支をみると、二つの辰が子と水の三合の一部を形成し、大きな水を作り出します。そのため、この月に地震や洪水があったとしても驚くことではありません。辰年と子月において、三煞《さつ》が南―南東3、南2、南西1にあり、この月の飛星図をみると、5と3が南東にあります。3は地震、5は不幸を表します。それゆえ、二〇一二年一二月に南と南東の領域で洪水と地震があっても驚きではありません。しかし、これが、地球規模の災害であるという証拠はどこにもありません。

２０１２年12月の飛星図

	南			
	53	18	31	
東	42	64	86	西
	97	29	75	
		北		

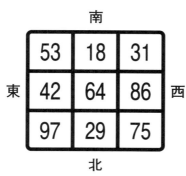

易占起例21：ニコラス・ツェーの判決は？

背景：ニコラス・ツェーは有名な香港のポップスターです。彼は二〇〇二年三月二三日に交通事故にあい、それに伴い彼は、車両衝突の状況を偽造したとして、司法妨害で告訴されました。判決は二〇〇二年一一月八日に言い渡された。

質問：二〇〇二年一一月八日のニコラス・ツェーの判決はどうなったか？

解釈：

1．世爻はニコラス・ツェーです。世爻は丑（土）であり、かつ動爻です。月建の亥（水）の五行を、丑（土）が剋するために弱まります。これは彼がよい運の時期にいないことを示しています。しかし、世爻は午（火）に変爻し、変爻の午の火の五行が丑の土の五行を生じて、世爻を強めます。これは、彼にとって好ま

日晨：庚辰（土）　月建：辛亥（水）
宮卦：震（雷）　宮卦の五行：木
世爻：ニコラス・ツェー　応爻：法律

得卦：䷭ 升（地風升）

	官	酉（金）	∕∕	
	父	亥（水）	∕∕	
子　午（火）	才	丑（土）	×	世爻（ニコラス・ツェー）
	官	酉（金）	∕	
	父	亥（水）	∕	
父　子（水）	才	丑（土）	×	応爻（法律）

しい何かが彼を助けることを示しています。

2. 応爻も丑（土）の動爻になっており、この例題の中で、この爻はニコラス・ツェーに対峙するもの、つまり法律となります。この動爻は子（水）に変爻し応爻の丑と合の関係を持ちます。このような合は法廷での活動を妨害するものと解釈できます。子（水）は「父」の五行で、証拠書類の問題とも考えられます。

3. 六十四卦は「升・地風升」䷭から「大壮・雷天大壮」䷡に代わり、後者はすべての爻が六冲となる卦であります。このように六冲となる六十四卦が出る場合は、質問自体に何か問題を含むことを意味します。

4. 結果はその日に判決は出されず、法廷は後日にこの判決を延期しました。

易占起例22：法的問題の見通しはどうなるか？

背景：ある女性が彼女の夫の法的問題について尋ねました。彼女が言うには、近い将来彼女の夫が法廷に立たなくてはいけないということです。彼女はどんな結果になるか知りたいと言いましたが、どんな法的問題が彼女の夫に起こっているかは私に教えてくれませんでした。

質問：彼女の夫の法的問題の見通しはどうか？

解釈：

1．世爻は戌（土）で、彼女の夫を表します。この土は月建の子（水）と日晨の亥（水）を剋しに行くために、弱くなっています。土は「才」にあたる五行であり、お金に関して彼女の夫は悪い運にあることを示しています。

日晨：辛亥（水）　月建：庚子（水）
宮卦：巽（風）　宮卦の五行：（木）
世爻：夫

得卦：䷚ 頤（山雷頤）

官　酉（金）	兄　寅（木）	○		
	父　子（水）	∥		
	才　戌（土）	∥	世爻（夫）	
	才　辰（土）	∥		
（進神）兄　卯（木）	兄　寅（木）	×		
	父　子（水）	／	応爻	

2. 二爻は動爻で、「兄」が「兄」に変爻しています。「兄」は「劫財《ごうざい》」の意味を持ち、それらは木の五行で土の五行を剋します。この動爻は寅が卯に変爻しているため、「進神」となり、剋を強め、世爻の土の五行を殺そうとしているのがわかります。

3. もうひとつの動爻は上爻にあり、これも「劫財」であり、土の五行である世爻を剋します。これは第二の負債者が彼女の夫からお金を取ろうとしているのかもしれません。しかし、この爻は金の「官」に変爻し、寅（木）を剋します。それゆえ、この告訴を取り下げることができます。しかし、寅（木）は強く、日辰の水と月建の水によって強められています。そのため、金の「官」は弱く、簡単には取り下げられることができないでしょう。そのように、この告訴はまだ大きな影響をあたえます。

4. 彼女の夫が金銭的問題に巻き込まれていることは明らかです。彼は二つの銀行から二つのローンを借りていて、返済することができませんでした。そのため二つの銀行がこの問題を裁判に持ち込み、解決策を探りました。結局、一つの銀行はローン支払いの再構築に同意し、もう一つの銀行は妥協しませんでした。

易占起例23：ソニーのレコーダーを誰が盗ったのか？

背景：二〇〇八年九月にベルリンで易のクラスを教えているときに、ある生徒がソニーのレコーダーがなくなっているといいました。その生徒がコインを振り、レコーダーがどうなったかを調べました。

質問：誰がソニーのレコーダーを盗ったのか？

解釈：

1．世爻の三爻はレコーダーをなくした生徒です。彼女は酉（金）で表され、日晨と月建が両方とも世爻と同じ金の五行で助けられています。これは彼女がよい運にいると解釈できます。彼女は「官」の五行で表され、五爻の同じ「官」は動爻であります。この動爻の申（金）は、進神の酉（金）となります。この「官」の五行が示すことは、彼女が強く、よい運命にあり、威張

日晨：庚申（金）　月建：辛酉（金）
宮卦：震（雷）　宮卦の五行：木
世爻：生徒

得卦：䷟ 恒（雷風恒）

	才　戌（土）	∥	応爻
（進神）官　酉（金）	官　申（金）	×	
	子　午（火）	／	
	官　酉（金）	／	世爻（生徒）
	父　亥（水）	／	兄　寅（木）　伏神
	才　丑（土）	∥	

っているイメージがあるということです。「官」は「兄」を剋し、「兄」は「才」を盗る、いわゆる窃盗犯です。そのため彼女の「官」は、彼女が窃盗犯を捕まえる強い決意を持っていることを表しています。

2. しかし、「兄」の五行である爻が本卦にはありません。そのため窃盗犯がいないことを意味します。これはレコーダーが盗まれていないことを表しています。

3. そのため伏神である「兄」の五行を調べる必要があります。これは首卦の「震・震為雷」の中で「兄」に当たる木の五行を持つ爻になります。この「兄」は寅であり、二爻にあります。そして本卦の二爻の亥（水）が伏神の寅（木）を生じます。これが意味することは、寅が明るみに出ることを示し、つまり、彼女のソニーのレコーダーを盗った人が出てくることを示します。

4. ソニーのレコーダーを盗った人は寅年生まれかもしれません。

5. すると、寅年生まれの私の講座オーガナイザーが、この生徒をからかうためにレコーダーを盗ったのだと認めました。実はクラスの全員がこの遊びに参加しており、皆、易占が正しいことを納得したのでした。

易占起例24：ボーイフレンドとの関係を確認する

背景：ある女性がある男性に出会い、彼女は彼のことがとても好きになりました。彼は彼女をとても大切に扱い、彼女をいつも助けるのですが、まったくデートには誘いませんでした。彼女は近い将来に彼とどんな関係になるかを占ってみました。

質問：今後六カ月の、気になる男性との関係はどうなるか？

解釈：

1．世爻は亥（水）で質問をしている女性にあたり、応爻は子（水）でその女性が気になっている男性を表します。世爻も応爻も共に「兄」であり、彼らの関係は単なる友人関係であり、恋愛関係ではないことを意味します。

日晨：甲午（火）　月建：戊申（金）
宮卦：坎（水）　宮卦の五行：水
世爻：女性　応爻：男性

得卦：䷾ 既済（水火既済）

子　卯（木）	兄　子（水）	×	応爻（男性）
	官　戌（土）	／	
	卯　申（金）	／／	
	兄　亥（水）	／	世爻（女性）
	官　丑（土）	／／	
	子　卯（木）	／	

2．応爻は動爻になっています。動爻の子（水）は二爻の官の丑（土）と合となり、「子」である卯（木）を生じます。この卯（木）はもうひとつの「官」の五行で五爻の戌（土）と合をします。これは、この男性が「官」の五行を追い求めていることを示し、仕事もしくは男性を意味します。

3．その後、この男性はゲイであり、実際にボーイフレンドを探しているということが判明しました。

易占起例25：地球温暖化に関する質問

背景：この質問は二〇〇六年に、地球温暖化によってもたらされている気候変動が、世界中で顕著に感じられ、国際的な注目を浴びはじめたときに出されました。

質問：今後一二カ月、地球温暖化が世界にどのような影響を及ぼすか？

解釈：

1．世爻は世界で四爻の午であり、火の五行です。この火の五行は、日晨の木から生じられますが、月建の土を生じるため弱くなっています。これは、短期間では地球温暖化はまだ問題が大きくなりませんが、長期的にみると状況が悪化するということです。というのも月建の土が世爻の火を強めることができないからです。

日晨：庚寅（木）　月建：戊戌（土）
宮卦：巽（風）　宮卦の五行：木
世爻：世界

得卦：䷘ 无妄（天雷无妄）

	才	戌（土）	／		螣蛇
	官	申（金）	／		勾陳
（空亡）	子	午（火）	／	世爻	朱雀
	才	辰（土）	／／		青龍
（進神）兄　卯（木）	兄	寅（木）	×		玄武
	父	子（水）	／	応爻	白虎

2. 動爻の二爻は「兄」の寅(木)で、同じ「兄」の卯(木)に変爻します。これは進神となり、動爻の木が世爻の火を積極的に生じるために、前進することを意味します。「兄」とは人類を表します。すなわち人類が多くの時間を割き、地球を助けるための努力をすることを意味します。しかし、世爻の午は空亡で、六獣は朱雀です。これは努力が結果とはならず、たくさんの話し合いはなされても、具体的な結果にはならないことを意味しています。

易占起例26：二〇〇五年マイケル・ジャクソンの法的問題

背景：二〇〇三年の一二月、マイケル・ジャクソンは一三歳の少年、ギャヴィン・アルヴィーゾウへの児童猥褻罪の嫌疑をかけられました。そして、二〇〇五年に彼は裁判にかけられました。しかし無罪判決が同年六月一三日に出されたのです。この質問は判決が出る前のものです。

質問：マイケル・ジャクソンに対する幼児虐待の裁判の結果は？

解釈：

1. 世爻は申（金）でマイケル・ジャクソンです。これは「兄」で金の五行です。この金は日晨の水と、月建の木によって弱くなっています。そして「兄」は敵もしくは劫財を意味します。それゆえ、彼は運が悪く、敵によって脅威にさらされています。また、この爻は

日晨：戊子（水）　月建：己卯（木）
宮卦：兌（沢）　宮卦の五行：金
世爻：マイケル・ジャクソン

得卦：䷞ 咸（沢山咸）

進神	父	戌（土）	父	未（土）	×	応爻	朱雀
			兄	酉（金）	／		青龍
			子	亥（水）	／		玄武
			兄	申（金）	／	世爻	白虎
			官	午（火）	／／		螣蛇
			父	辰（土）	／／		勾陳

白虎で、彼がよい運にいないことを示しています。

2. 応爻の未（土）は彼を告訴する人々を表し、動爻で戌（土）に変爻しています。反対する人々は日晨からも月建からも強められておらず、彼らも弱いことを示しています。しかし進神となっています。また、この爻の六獣は朱雀で、彼らが、マイケル・ジャクソンに対して、公に非難をしていることを表しています。

3. しかし、動爻かつ応爻の未（土）は、世爻の金を生じます。これは告訴する側がマイケル・ジャクソンを最後に打ち負かすことが出来ないことを意味します。

4. 二〇〇五年六月一三日、陪審はマイケル・ジャクソンに対する全ての嫌疑に対し、無罪の判決を下しました。

易占起例27：オーストラリアの羊の輸送について

背景：この質問は二〇〇三年にオーストラリアのメルボルンでのクラスに出席した生徒から出された質問です。

オーストラリアの羊がサウジアラビアに販売されました。しかし陸揚げ寸前になり、その中の何匹かに、病気の羊が見つかり、その羊の入国がサウジ政府によって拒否されました。オーストラリア政府は、なんとかその羊たちの新たな買い手を見つけようとしていましたが、その時まだ見つからない状態でした。輸送船は海を行き来し、船内の状況は悪化していくばかりでした。オーストラリア政府は、羊たちを屠殺すべきか決めかねていました。

質問：三〇日以内に、羊たちはどうなるか？

解釈：

1．世爻は羊を表し「子」であり、かつ用神でもありま

日晨：庚午（火）　月建：壬戌（土）
宮卦：坤（地）　宮卦の五行：土
世爻：羊　用神：「子」羊

得卦：☵☰ 需（水天需）

	才　子（水）	∥		
	兄　戌（土）	／		
	子　申（金）	∥	世爻（羊）	
	兄　辰（土）	／		
兄　丑（土）	官　寅（木）	○		
	才　子（水）	／	応爻	

す。これは、生徒たちが羊たちの状況を自分のペットの心配をするかのように、見守っているからです。「子」は子どもやペットの意味を持ちます。この世爻は申（金）で日晨の火により剋され、月建の土によって強められます。

2．二爻には動爻があり、これは「官」の爻です。これが意味することは、政府が何らかの行動を起こすことを意味しています。「官」が「兄」に変爻し、土の五行になっています。そして、この変爻の丑（土）は、金の世爻を助けています。これは政府が友人を見つけ、羊を助けることを意味します。

3．易を立てた丁度その日の夜、オーストラリア政府がその輸送物の買い手を見つけたというニュースがありました。

易占起例28：二〇〇三年香港でのSARSの見通しは？

背景：二〇〇三年、東南アジア特に香港は、SARS（重症急性呼吸器症候群）と呼ばれる感染症の被害にあいました。この感染症は主に肺に感染し、二〇〇三年四月以降、多くの死者を出しました。この状況が深刻になってきたため、この病気が同年五月二五日までの三〇日間にどのように発展するか占いました。

質問：三〇日間で香港のSARSはどうなるか？

解釈：

1．三爻の世爻は香港を表し「官」です。「官」は病気とも解釈できます。また、これは月建の卯（木）と冲をしています。六獣は螣蛇で、死を象徴します。それゆえ、香港は病気にかかっており、悪い運にいます。というのも、月建と世爻が冲を起こしているからです。

日晨：丁酉（金）　月建：乙卯（木）
宮卦：震（雷）　宮卦の五行：木
世爻：香港

得卦：☳☴ 恒（雷風恒）

		才	戌（土）	╱╱	応爻	青龍
進神	官 酉（金）	官	申（金）	×		玄武
		子	午（火）	╱		白虎
		官	酉（金）	╱	世爻（香港）	螣蛇
		父	亥（水）	╱		勾陳
		才	丑（土）	╱╱		朱雀

2．五爻は動爻で、「官」の申が、進神の「官」酉に変爻します。これは病気が進行することを表しています。これは玄武でもあり、隠れた危険を表します。

3．この易占の結果はとても正確で、ＳＡＲＳの状況は三月と四月の間に特に悪化し、国連が香港に警告を出したほどです。この月は本当にひどい状態でした。

易占起例29：二〇〇四年の台湾選挙における陳総統の暗殺未遂について

背景：二〇〇四年三月二〇日に台湾の総統選挙がありました。三月一九日に陳水扁総統と副総統の呂秀蓮が選挙キャンペーン中に銃撃を受けて負傷するという暗殺未遂事件（三一九槍撃事件）が発生し、この事件により陳水扁は腹部に傷を受け、呂秀蓮は膝を負傷しました。この質問は三月一九日のこの事件が起こる前に出されたものです。

質問：陳水扁は台湾総統選に勝つことができるか？

解釈：

1．世爻の卯（木）は陳水扁で、彼は「官」で表され、権力を表す「官」であることから、彼が総統であることを示します。また、世爻は、月建の卯（木）より助けられているため、彼がよい運にいることを示してい

日晨：丁酉（金）　月建：丁卯（木）
宮卦：坤（土）　宮卦の五行：土
世爻：陳水扁

得卦：䷒ 臨（地沢臨）

	子	酉（金）	／／	
	才	亥（水）	／／	応爻
	兄	丑（土）	／／	
	兄	丑（土）	／／	
（日破）	官	卯（木）	／	世爻（陳水扁）
	父	巳（火）	／	

ます。それゆえ、彼はこの選挙に勝ちぬくことができます。

2．しかし、日晨の酉（金）が世爻の卯（木）と冲を起こしており、易占が対象とする総統選挙の日に何か悪いことが起こるかもしれないということを示しています。これは二〇〇四年三月一九日の出来事を示しています。

易占起例30：ワールドカップ決勝戦イタリア対フランスの結果は？

背景：この質問は二〇〇六年ワールドカップ決勝でフランスとイタリアが決勝を争う時に出されたものです。試合は引き分けになりましたがＰＫ戦で、イタリアが最終的に勝ちました。

質問：ワールドカップ決勝でイタリアとフランスのどちらが勝つか？

解釈：

1．どちらのチームが世爻で、どちらのチームが応爻であるか、あらかじめ決める必要があります。この実例の場合、フランスを世爻にし、応爻をイタリアにしました。

日晨：丙申（金）　月建：甲午（火）
宮卦：震（雷）　宮卦の五行：木
世爻：フランス　応爻：イタリア

得卦：☳☷ 豫（雷地豫）

		才	戌（土）	//	
		官	申（金）	//	
		子	午（火）	/	応爻（イタリア）
官	酉（金）	兄	卯（木）	×	
父	亥（水）	子	巳（火）	×	
		才	未（土）	//	世爻（フランス）

2. 世爻のフランスは未（土）で月建の火から生じられます。それゆえ、彼らは強いチームといえます。しかし、日晨の金を生じることにより、弱められています。一方、応爻のイタリアは午（火）であり、月建の火によって助けられています。それゆえ、この二つのチームは長期的にみると、とてもよいチームです。しかし、両チーム共に、日晨の金からは助けが得られません。それゆえ、チーム力は同じくらいですが、イタリアが僅かに強いといえます。

3. 得卦（得られた卦）は雷が坤の上にくる「雷地豫」☳☷で、すべての爻がそれぞれ合となる卦になります。これは試合が引き分けになることを意味します。

4. 内卦はフランスを表し、二つの爻が動爻で、変爻は元の動爻を剋します。これは、フランスの攻撃が自分たち自身に跳ね返ることを意味します。

5. 実際の試合では、有名なプレーヤーであるジダンが、イタリアのマテラッツィに頭突きをして退場になってしまいました。そのため、彼はＰＫ戦に出ることができず、フランスは負けてしまいました。

易占起例31：ボストンマラソン爆弾事件の犯人

背景：アメリカ合衆国マサチューセッツ州ボストンにて、第一一七回ボストンマラソン（二〇一三年四月一五日）の競技中であった一四時四五分頃（現地時間）に爆弾テロが発生し三人が死亡、二八二人が負傷しました。

この事件が発生し、アメリカ司法省が総力を投じた犯人捜査がはじまりましたが、二日後の四月一七日の時点では、犯人像はいまだ闇の中でした。このとき、私はちょうどドバイで断易講義をしており、生徒からの質問で「ボストンマラソン爆弾事件の犯人は誰か？」について講義の題材として易を立てました。

質問：ボストンマラソン爆弾事件の犯人は誰か？

解釈：

1．ボストンという場所を世爻に置き、この場所で起き

日晨：癸丑　月建：丙辰
宮卦：巽（風）　宮卦の五行：木
世爻：ボストン

得卦：☶☳ 頤（山雷頤）

	兄　寅（木）	／	
	父　子（水）	／／	
	才　戌（土）	／／	世爻（ボストン）
	才　辰（土）	／／	
兄　卯（木）	兄　寅（木）	×	
	父　子（水）	／	応爻

たことを分析することで、犯人像を読み取ろうとしました。これはボストンで何が起きたかを示しています。

2. 動爻の二爻の「兄」の寅と、二爻が変爻した「兄」の卯が世爻のボストンを剋しています。これは二つの「兄」が世爻のボストンを攻撃していることを表しています。

3. 二爻の動爻と変爻が「兄」であることから、このボストンに対する攻撃者のテロリストは二人の兄弟である可能性があります。

4. 兄弟の可能性があり、「兄」を表す動爻、つまりテロの犯人は寅年生まれかもしれません。

5. さらに、この事件の背景にある理由は何でしょうか？　六獣を六爻卦に割り当て、その真意の解釈を求めると、犯人たちの集まる二爻には「青龍」がきます。この青龍の解釈は、宗教・信仰あるいは政治的な理由であることが読みとれます。

6. 私は四月一七日のドバイの講義で上記のように、この事件を説

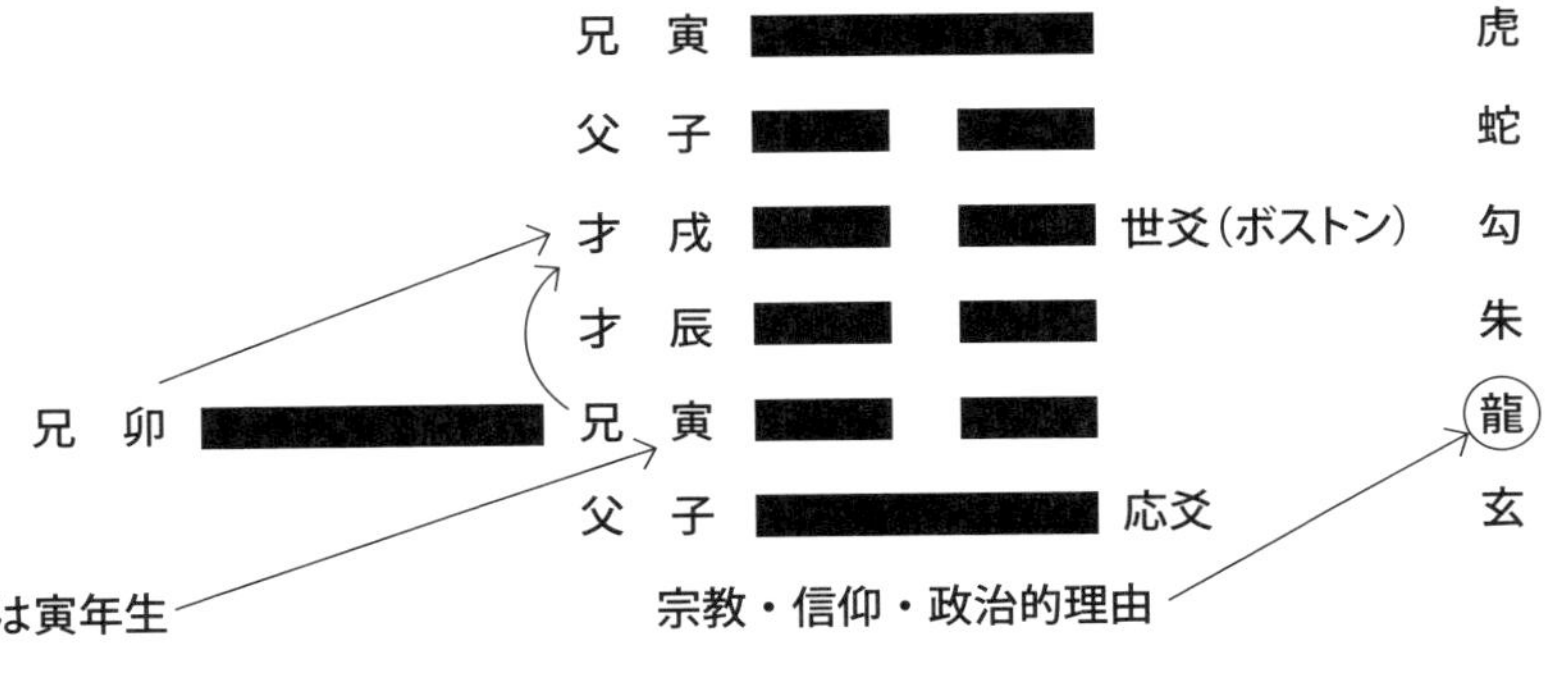

明しました。結果として、この事件の真相を追究した易を立てた次の日、つまり四月一八日午後五時二〇分（東海岸時間）での記者会見で、はじめてFBIは容疑者が二人いること、そして彼らの写真と監視ビデオを開示し、公開捜査に乗り出したことを知りました。

当局は、容疑者を、二〇〇二年頃に難民としてアメリカに移民したチェチェン人の二人兄弟で、タメルラン・ツァルナエフ（一九八六年一〇月二一日生まれ、事件時二六歳の寅年生まれ）とジョハル・ツァルナエフ（一九九三年七月二二日生まれ、事件時一九歳）のツァルナエフ兄弟だと特定しました。

四月一九日午前〇時過ぎ、ホンダのセダンと盗まれたベンツSUVに乗車しているツァルナエフ兄弟を発見したウォータータウンの警官が、ツァルナエフ兄弟と応援に駆けつけた警官の間で「猛烈な」銃撃戦が展開されました。兄のタメルランが銃弾を使い果たし、警官が兄を押し倒して逮捕するのに伴い、弟のジョハルは盗まれたSUVを運転して警官に突進した際、車で兄のタメルランを轢いてしまいました。そのまま少しの距離を引きずられたのが、兄のタメルランの死因の一つとなりました。

弟のジョハルは、四月一九日夜、ウォータータウンのある民家の裏庭にあったボートのタープの下に隠れていたところを警官たちに生存したまま逮捕されました。

その後のFBIの捜査によれば、テロ組織との関連は見つからなかったが、CNNによると、兄はネット上で、「米国に友人は1人もいない。彼らのことは理解できない」と書き込んでいたそうで、何らかの思想的な違いや政治的な理由が背景にあったのかもしれません。

易占起例32：コピアポ鉱山落盤事故　二か月以内に鉱夫たちは救出されるか？

背景：チリ共和国アタカマ州コピアポ近郊のサンホセ鉱山で、現地時間の二〇一〇年八月五日に坑道の崩落事故が発生し、崩落により三三名の男性鉱山作業員が閉じ込められました。

この事件が発生し、すでに四三日間が経過した九月一七日の時点では、鉱夫たちはまだ救出されていませんでした。私はルーマニアで断易講義をしていて、多くの人の関心が集まっているこの崩落事故の未来に対して、生徒からの質問で「二か月以内に鉱夫たちは救出されるか？」という易を立て、鉱夫たちが救出されるかどうか生死の行方を予測しました。

質問：コピアポ鉱山落盤事故で閉じ込められた鉱夫たちは、二か月以内に救出されるか？

日辰：庚午　　月建：乙酉
宮卦：艮（山）　　宮卦の五行：土
世爻：鉱夫たち

得卦：䷕ 賁（山火賁）

	官　寅（木）	／	
	才　子（水）	／／	
	兄　戌（土）	／／	応爻
官　卯（木）	才　亥（水）	○	
	兄　丑（土）	／／	
兄　未（土）	官　卯（木）	○	世爻（鉱夫たち）

解釈：

1．世爻の鉱夫たちが初爻におり、上卦が艮卦の山であり、土の底にいる状況が易卦に現れています。

2．動爻が初爻と三爻に2つあり、三爻の動爻の亥水は世爻の鉱夫たちである卯木を生じ助けようとしていることが現れています。

3．また、この三爻の動爻は月建の酉金によって生じられ、とても強いため、これは鉱夫たちが助かると判断しました。

4．初爻の変爻である未は、二爻の丑土（土石）と沖し、三爻の変爻である卯もまた二爻の丑土（土石）を沖して攻撃し、この救出作業である掘削作業を表しています。

5．三爻の変爻である卯は世爻の卯を助けます。

6．コインを振って得た六爻卦は六合卦となっており、平和を

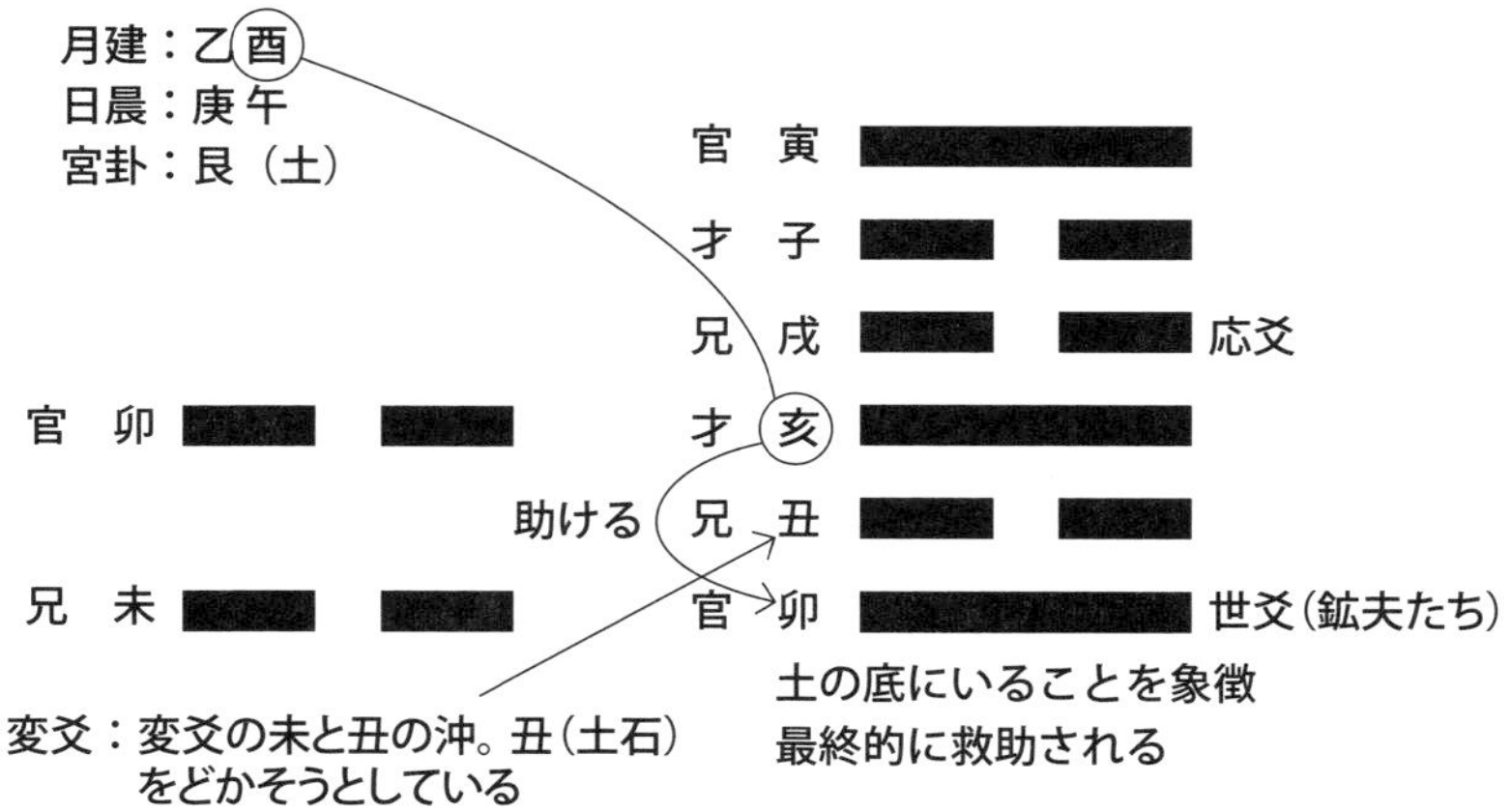

表しこの問題が調和的に解決されることを象徴しています。

以上のことから、私は「(九月一七日から) 二か月以内に助かる」と判断し、講義中に発表しました。

この事故における救出作業は、現地時間の一〇月一三日にはじまり、翌一〇月一四日〇時三三分に最初に降下した救助隊員が帰還し救出作業は終了し、無事全員の救出を終えました。私が易を立てた九月一七日から二六日後、つまり二か月以内に救助されました。

易占萬年暦サンプル

二〇一六年

丙申 ⑧

二黒 ⑦

三元八運…「八運」

三元九運…「八運」

6月		5月		4月		3月		2月 ⑨		1月		月
甲午		癸巳		壬辰		辛卯		庚寅 ①		己丑 乙未(年)		月干支
七赤		八白		九紫		一白		二黒 ②		三碧		紫白
21	5	20	5	20	4	20	5	19	4	21	6	節
7時34分 夏至	14時48分 芒種	23時36分 小満	10時42分 立夏	0時29分 穀雨	17時27分 清明	13時30分 春分	12時44分 啓蟄	14時34分 雨水	18時46分 ④ 立春 ③	0時27分 大寒	7時8分 小寒	気
農暦	日干支	農暦	日干支	農暦	日干支	農暦	日干支	農暦	日干支	農暦	日干支	新暦
4/26	甲寅	3/25	癸未	2/24	癸丑	1/23	壬午	12/23	癸丑	11/22	壬午	1
4/27	乙卯	3/26	甲申	2/25	甲寅	1/24	癸未	12/24	甲寅	11/23	癸未	2
4/28	丙辰	3/27	乙酉	2/26	乙卯	1/25	甲申	12/25	乙卯	11/24	甲申	3
4/29	丁巳	3/28	丙戌	2/27	丙辰	1/26	乙酉	12/26 ⑥	丙辰 ⑤	11/25	乙酉	4 ⑨
5/1	戊午	3/29	丁亥	2/28	丁巳	1/27	丙戌	12/27	丁巳	11/26	丙戌	5
5/2	己未	3/30	戊子	2/29	戊午	1/28	丁亥	12/28	戊午	11/27	丁亥	6
5/3	庚申	4/1	己丑	3/1	己未	1/29	戊子	12/29	己未	11/28	戊子	7
5/4	辛酉	4/2	庚寅	3/2	庚申	1/30	己丑	1/1	庚申	11/29	己丑	8
5/5	壬戌	4/3	辛卯	3/3	辛酉	2/1	庚寅	1/2	辛酉	11/30	庚寅	9
5/6	癸亥	4/4	壬辰	3/4	壬戌	2/2	辛卯	1/3	壬戌	12/1	辛卯	10
5/7	甲子	4/5	癸巳	3/5	癸亥	2/3	壬辰	1/4	癸亥	12/2	壬辰	11
5/8	乙丑	4/6	甲午	3/6	甲子	2/4	癸巳	1/5	甲子	12/3	癸巳	12
5/9	丙寅	4/7	乙未	3/7	乙丑	2/5	甲午	1/6	乙丑	12/4	甲午	13
5/10	丁卯	4/8	丙申	3/8	丙寅	2/6	乙未	1/7	丙寅	12/5	乙未	14
5/11	戊辰	4/9	丁酉	3/9	丁卯	2/7	丙申	1/8	丁卯	12/6	丙申	15
5/12	己巳	4/10	戊戌	3/10	戊辰	2/8	丁酉	1/9	戊辰	12/7	丁酉	16
5/13	庚午	4/11	己亥	3/11	己巳	2/9	戊戌	1/10	己巳	12/8	戊戌	17
5/14	辛未	4/12	庚子	3/12	庚午	2/10	己亥	1/11	庚午	12/9	己亥	18
5/15	壬申	4/13	辛丑	3/13	辛未	2/11	庚子	1/12	辛未	12/10	庚子	19
5/16	癸酉	4/14	壬寅	3/14	壬申	2/12	辛丑	1/13	壬申	12/11	辛丑	20
5/17	甲戌	4/15	癸卯	3/15	癸酉	2/13	壬寅	1/14	癸酉	12/12	壬寅	21
5/18	乙亥	4/16	甲辰	3/16	甲戌	2/14	癸卯	1/15	甲戌	12/13	癸卯	22
5/19	丙子	4/17	乙巳	3/17	乙亥	2/15	甲辰	1/16	乙亥	12/14	甲辰	23
5/20	丁丑	4/18	丙午	3/18	丙子	2/16	乙巳	1/17	丙子	12/15	乙巳	24
5/21	戊寅	4/19	丁未	3/19	丁丑	2/17	丙午	1/18	丁丑	12/16	丙午	25
5/22	己卯	4/20	戊申	3/20	戊寅	2/18	丁未	1/19	戊寅	12/17	丁未	26
5/23	庚辰	4/21	己酉	3/21	己卯	2/19	戊申	1/20	己卯	12/18	戊申	27
5/24	辛巳	4/22	庚戌	3/22	庚辰	2/20	己酉	1/21	庚辰	12/19	己酉	28
5/25	壬午	4/23	辛亥	3/23	辛巳	2/21	庚戌	1/22	辛巳	12/20	庚戌	29
5/26	癸未	4/24	壬子	3/24	壬午	2/22	辛亥			12/21	辛亥	30
		4/25	癸丑			2/23	壬子			12/22	壬子	31

2015年　乙未(年)／戊子(月)

①月干支（天干が左、地支が右）
②玄空飛星におけるその月の中宮に来る月運
③月の始まりの日の名前
④月の始まりの時間と分
⑤日干支（天干が左、地支が右）
⑥農民暦（例：12/26 は旧暦12月26日の意味）
⑦玄空飛星におけるその年の中宮に来る年運
⑧年干支
⑨新暦：私たちが普段使用しているのが新暦。表の横の欄の数字が日で、最上の欄が月です。（例：アミかけ部分の日付は2月4日となり、2016丙申年の始まりである立春です）

巻末の『易占萬年暦』の使い方
――どのように西洋暦を四柱推命の命式に変換するか

運命分析の方法論として、ある人の運はその人の出生日の干支によって判明します。それはある種の普遍的な符号で、私たちの運命の内容を明らかにしてくれます。四柱推命による分析は出生情報をもとに行われます。

出生情報とは、生まれた年、月、日、時間です。この情報は、金、木、水、火、土の五行に中国暦を通して変換されます。それゆえ、四柱推命を練習する最初のステップは、西洋の暦から中国の暦に出生情報を変換することです。

萬年暦を使う最初の段階は、調べたい年がのっているページを見つけることです。
たとえば、次の日にちを四柱推命の命式に直してみましょう。

年：2016年
月：2月
日：4日
時間：午後7時半

サンプルの二〇一六年のページをめくってみましょう。

右の欄外に、大きな文字で丙申の漢字が見えると思います。この二つの漢字は二〇一六年の年干支で年柱となります。

それぞれの列は数字で日にちを記載しております。二月四日を見つけましょう。右の縦の欄の「新暦」の日付けで「4」となる「2月」の欄には干支の二文字が見えるはずです。

この二つの漢字は、日干支といい日柱を示しております。私たちは年柱と日柱を求めたことになります。

次のステップは、どの月が二月四日を含むかを調べ、月干支を確認することです。中華農民暦での始まりの日を見つける必要があります。これは黒ヌキの四角の日付です。二月四日に関していえば、二月四日が黒い四角となっています。それゆえ、この月の始まりの日は二月四日であり、三月五日が次の新しい月の始まりです。

二月四日を含む列の上を見ると、庚寅が二月四日の月柱を表すことがわかります。

ここまでで年柱、月柱、日柱がわかりました。最後は時柱を求めることです。中国では一日を一二の時間に分けます。そしてこれは十二支で表されます。次ページの表が中国の時間と西洋の時間を変換する表です。私たちの例では午後七時半ですので、戌で表すことができます。そしてこれが時柱の干支である地支となります。

私たちは二〇一六年二月四日午後七時半の時支まで求めました。注意しなくてはいけないこととして、農暦で考える新年は「立春」の日時をもって、年が改まることです。

ですから、もし二〇一六年二月四日午後六時に易占をするなら、干支暦では、乙未年己丑月丙辰日となります。

ここまでのステップでは七つの中国漢字しか示していません。時干が抜けております。それは次の項で説明します。

西洋の時間	中国の時間
23：00〜01：00	子
01：00〜03：00	丑
03：00〜05：00	寅
05：00〜07：00	卯
07：00〜09：00	辰
09：00〜11：00	巳
11：00〜13：00	午
13：00〜15：00	未
15：00〜17：00	申
17：00〜19：00	酉
19：00〜21：00	戌
21：00〜23：00	亥

時	日	月	年
（時干）	丙	庚	丙
	火	金	火
戌	辰	寅	申
土	土	木	金

時柱の求め方

1．求めたい時間に当てはまる時間の範囲を見つける。

2．同じ時間の範囲の中に五つの時柱の列があります。対応する時柱は日干によって決まります。日干はそれに相当する時柱の列を使用します。

たとえば、二〇一六年二月四日の場合、日干は丙ですので、左から三番目の列がこれに当たります。そしてこの列の午後七時から九時までの範囲の行と重なる部分が、その時柱となります。

3．二〇一六年二月四日午後七時半の命式は以下の通りです。

年	月	日	時
丙	庚	丙	戊
火	金	火	土
申	寅	辰	戌
金	木	土	土

時柱を求めるための表

時間 ＼ 日干		甲己	乙庚	丙辛	丁壬	戊癸
00:00－01:00	子	甲子	丙子	戊子	庚子	壬子
01:00－03:00	丑	乙丑	丁丑	己丑	辛丑	癸丑
03:00－05:00	寅	丙寅	戊寅	庚寅	壬寅	甲寅
05:00－07:00	卯	丁卯	己卯	辛卯	癸卯	乙卯
07:00－09:00	辰	戊辰	庚辰	壬辰	甲辰	丙辰
09:00－11:00	巳	己巳	辛巳	癸巳	乙巳	丁巳
11:00－13:00	午	庚午	壬午	甲午	丙午	戊午
13:00－15:00	未	辛未	癸未	乙未	丁未	己未
15:00－17:00	申	壬申	甲申	丙申	戊申	庚申
17:00－19:00	酉	癸酉	乙酉	丁酉	己酉	辛酉
19:00－21:00	戌	甲戌	丙戌	戊戌	庚戌	壬戌
21:00－23:00	亥	乙亥	丁亥	己亥	辛亥	癸亥
23:00－00:00	子	丙子	戊子	庚子	壬子	甲子

易占萬年暦（二〇一〇～二〇二〇年）

二〇一〇年 庚寅 八白

二元八運…「八運」

三元九運…「八運」

6月		5月		4月		3月		2月		1月		月
壬午		辛巳		庚辰		己卯		戊寅		丁丑 己丑(年)		月干支
七赤		八白		九紫		一白		二黒		三碧		紫白
21	6	21	5	20	5	21	6	19	4	20	5	節
20時28分 夏至	3時49分 芒種	12時34分 小満	23時44分 立夏	13時30分 穀雨	6時30分 清明	2時32分 春分	1時46分 啓蟄	3時36分 雨水	7時48分 立春	13時28分 大寒	20時9分 小寒	気
農暦	日干支	農暦	日干支	農暦	日干支	農暦	日干支	農暦	日干支	農暦	日干支	新暦
4/19	壬午	3/18	辛亥	2/17	辛巳	1/16	庚戌	12/18	壬午	11/17	辛亥	1
4/20	癸未	3/19	壬子	2/18	壬午	1/17	辛亥	12/19	癸未	11/18	壬子	2
4/21	甲申	3/20	癸丑	2/19	癸未	1/18	壬子	12/20	甲申	11/19	癸丑	3
4/22	乙酉	3/21	甲寅	2/20	甲申	1/19	癸丑	12/21	乙酉	11/20	甲寅	4
4/23	丙戌	3/22	乙卯	2/21	乙酉	1/20	甲寅	12/22	丙戌	11/21	乙卯	5
4/24	丁亥	3/23	丙辰	2/22	丙戌	1/21	乙卯	12/23	丁亥	11/22	丙辰	6
4/25	戊子	3/24	丁巳	2/23	丁亥	1/22	丙辰	12/24	戊子	11/23	丁巳	7
4/26	己丑	3/25	戊午	2/24	戊子	1/23	丁巳	12/25	己丑	11/24	戊午	8
4/27	庚寅	3/26	己未	2/25	己丑	1/24	戊午	12/26	庚寅	11/25	己未	9
4/28	辛卯	3/27	庚申	2/26	庚寅	1/25	己未	12/27	辛卯	11/26	庚申	10
4/29	壬辰	3/28	辛酉	2/27	辛卯	1/26	庚申	12/28	壬辰	11/27	辛酉	11
5/1	癸巳	3/29	壬戌	2/28	壬辰	1/27	辛酉	12/29	癸巳	11/28	壬戌	12
5/2	甲午	3/30	癸亥	2/29	癸巳	1/28	壬戌	12/30	甲午	11/29	癸亥	13
5/3	乙未	4/1	甲子	3/1	甲午	1/29	癸亥	1/1	乙未	11/30	甲子	14
5/4	丙申	4/2	乙丑	3/2	乙未	1/30	甲子	1/2	丙申	12/1	乙丑	15
5/5	丁酉	4/3	丙寅	3/3	丙申	1/1	乙丑	1/3	丁酉	12/2	丙寅	16
5/6	戊戌	4/4	丁卯	3/4	丁酉	2/2	丙寅	1/4	戊戌	12/3	丁卯	17
5/7	己亥	4/5	戊辰	3/5	戊戌	2/3	丁卯	1/5	己亥	12/4	戊辰	18
5/8	庚子	4/6	己巳	3/6	己亥	2/4	戊辰	1/6	庚子	12/5	己巳	19
5/9	辛丑	4/7	庚午	3/7	庚子	2/5	己巳	1/7	辛丑	12/6	庚午	20
5/10	壬寅	4/8	辛未	3/8	辛丑	2/6	庚午	1/8	壬寅	12/7	辛未	21
5/11	癸卯	4/9	壬申	3/9	壬寅	2/7	辛未	1/9	癸卯	12/8	壬申	22
5/12	甲辰	4/10	癸酉	3/10	癸卯	2/8	壬申	1/10	甲辰	12/9	癸酉	23
5/13	乙巳	4/11	甲戌	3/11	甲辰	2/9	癸酉	1/11	乙巳	12/10	甲戌	24
5/14	丙午	4/12	乙亥	3/12	乙巳	2/10	甲戌	1/12	丙午	12/11	乙亥	25
5/15	丁未	4/13	丙子	3/13	丙午	2/11	乙亥	1/13	丁未	12/12	丙子	26
5/16	戊申	4/14	丁丑	3/14	丁未	2/12	丙子	1/14	戊申	12/13	丁丑	27
5/17	己酉	4/15	戊寅	3/15	戊申	2/13	丁丑	1/15	己酉	12/14	戊寅	28
5/18	庚戌	4/16	己卯	3/16	己酉	2/14	戊寅			12/15	己卯	29
5/19	辛亥	4/17	庚辰	3/17	庚戌	2/15	己卯			12/16	庚辰	30
		4/18	辛巳			2/16	庚辰			12/17	辛巳	31

2009年 己丑(年)／丙子(月)

月	12月		11月		10月		9月		8月		7月	
月干支	戊子		丁亥		丙戌		乙酉		甲申		癸未	
紫白	一白		二黒		三碧		四緑		五黄		六白	
節	22	7	22	7	23	8	23	8	23	7	23	7
気	8時38分 冬至	14時38分 大雪	19時15分 小雪	21時42分 立冬	21時35分 霜降	18時26分 寒露	12時9分 秋分	2時45分 白露	14時27分 処暑	23時49分 立秋	7時21分 大暑	14時2分 小暑
新暦	農暦	日干支	農暦	日干支	農暦	日干支	農暦	日干支	農暦	日干支	農暦	日干支
1	10/26	乙 酉	9/25	乙 卯	8/24	甲 申	7/23	甲 寅	6/21	癸 未	5/20	壬 子
2	10/27	丙 戌	9/26	丙 辰	8/25	乙 酉	7/24	乙 卯	6/22	甲 申	5/21	癸 丑
3	10/28	丁 亥	9/27	丁 巳	8/26	丙 戌	7/25	丙 辰	6/23	乙 酉	5/22	甲 寅
4	10/29	戊 子	9/28	戊 午	8/27	丁 亥	7/26	丁 巳	6/24	丙 戌	5/23	乙 卯
5	10/30	己 丑	9/29	己 未	8/28	戊 子	7/27	戊 午	6/25	丁 亥	5/24	丙 辰
6	11/1	庚 寅	10/1	庚 申	8/29	己 丑	7/28	己 未	6/26	戊 子	5/25	丁 巳
7	11/2	辛 卯	10/2	辛 酉	8/30	庚 寅	7/29	庚 申	6/27	己 丑	5/26	戊 午
8	11/3	壬 辰	10/3	壬 戌	9/1	辛 卯	8/1	辛 酉	6/28	庚 寅	5/27	己 未
9	11/4	癸 巳	10/4	癸 亥	9/2	壬 辰	8/2	壬 戌	6/29	辛 卯	5/28	庚 申
10	11/5	甲 午	10/5	甲 子	9/3	癸 巳	8/3	癸 亥	7/1	壬 辰	5/29	辛 酉
11	11/6	乙 未	10/6	乙 丑	9/4	甲 午	8/4	甲 子	7/2	癸 巳	5/30	壬 戌
12	11/7	丙 申	10/7	丙 寅	9/5	乙 未	8/5	乙 丑	7/3	甲 午	6/1	癸 亥
13	11/8	丁 酉	10/8	丁 卯	9/6	丙 申	8/6	丙 寅	7/4	乙 未	6/2	甲 子
14	11/9	戊 戌	10/9	戊 辰	9/7	丁 酉	8/7	丁 卯	7/5	丙 申	6/3	乙 丑
15	11/10	己 亥	10/10	己 巳	9/8	戊 戌	8/8	戊 辰	7/6	丁 酉	6/4	丙 寅
16	11/11	庚 子	10/11	庚 午	9/9	己 亥	8/9	己 巳	7/7	戊 戌	6/5	丁 卯
17	11/12	辛 丑	10/12	辛 未	9/10	庚 子	8/10	庚 午	7/8	己 亥	6/6	戊 辰
18	11/13	壬 寅	10/13	壬 申	9/11	辛 丑	8/11	辛 未	7/9	庚 子	6/7	己 巳
19	11/14	癸 卯	10/14	癸 酉	9/12	壬 寅	8/12	壬 申	7/10	辛 丑	6/8	庚 午
20	11/15	甲 辰	10/15	甲 戌	9/13	癸 卯	8/13	癸 酉	7/11	壬 寅	6/9	辛 未
21	11/16	乙 巳	10/16	乙 亥	9/14	甲 辰	8/14	甲 戌	7/12	癸 卯	6/10	壬 申
22	11/17	丙 午	10/17	丙 子	9/15	乙 巳	8/15	乙 亥	7/13	甲 辰	6/11	癸 酉
23	11/18	丁 未	10/18	丁 丑	9/16	丙 午	8/16	丙 子	7/14	乙 巳	6/12	甲 戌
24	11/19	戊 申	10/19	戊 寅	9/17	丁 未	8/17	丁 丑	7/15	丙 午	6/13	乙 亥
25	11/20	己 酉	10/20	己 卯	9/18	戊 申	8/18	戊 寅	7/16	丁 未	6/14	丙 子
26	11/21	庚 戌	10/21	庚 辰	9/19	己 酉	8/19	己 卯	7/17	戊 申	6/15	丁 丑
27	11/22	辛 亥	10/22	辛 巳	9/20	庚 戌	8/20	庚 辰	7/18	己 酉	6/16	戊 寅
28	11/23	壬 子	10/23	壬 午	9/21	辛 亥	8/21	辛 巳	7/19	庚 戌	6/17	己 卯
29	11/24	癸 丑	10/24	癸 未	9/22	壬 子	8/22	壬 午	7/20	辛 亥	6/18	庚 辰
30	11/25	甲 寅	10/25	甲 申	9/23	癸 丑	8/23	癸 未	7/21	壬 子	6/19	辛 巳
31	11/26	乙 卯			9/24	甲 寅			7/22	癸 丑	6/20	壬 午

6月		5月		4月		3月		2月		1月		月
甲午		癸巳		壬辰		辛卯		庚寅		己丑 庚寅(年)		月干支
四緑		五黄		六白		七赤		八白		九紫		紫白
22	6	21	6	20	5	21	6	19	4	20	6	節
2時16分 夏至	9時27分 芒種	18時21分 小満	5時23分 立夏	19時17分 穀雨	12時12分 清明	8時21分 春分	7時30分 啓蟄	9時25分 雨水	13時23分 立春	19時19分 大寒	1時55分 小寒	気
農暦	日干支	農暦	日干支	農暦	日干支	農暦	日干支	農暦	日干支	農暦	日干支	新暦
4/30	丁亥	3/29	丙辰	2/28	丙戌	1/27	乙卯	12/29	丁亥	11/27	丙辰	1
5/1	戊子	3/30	丁巳	2/29	丁亥	1/28	丙辰	12/30	戊子	11/28	丁巳	2
5/2	己丑	4/1	戊午	3/1	戊子	1/29	丁巳	1/1	己丑	11/29	戊午	3
5/3	庚寅	4/2	己未	3/2	己丑	1/30	戊午	1/2	庚寅	12/1	己未	4
5/4	辛卯	4/3	庚申	3/3	庚寅	1/1	己未	1/3	辛卯	12/2	庚申	5
5/5	壬辰	4/4	辛酉	3/4	辛卯	2/2	庚申	1/4	壬辰	12/3	辛酉	6
5/6	癸巳	4/5	壬戌	3/5	壬辰	2/3	辛酉	1/5	癸巳	12/4	壬戌	7
5/7	甲午	4/6	癸亥	3/6	癸巳	2/4	壬戌	1/6	甲午	12/5	癸亥	8
5/8	乙未	4/7	甲子	3/7	甲午	2/5	癸亥	1/7	乙未	12/6	甲子	9
5/9	丙申	4/8	乙丑	3/8	乙未	2/6	甲子	1/8	丙申	12/7	乙丑	10
5/10	丁酉	4/9	丙寅	3/9	丙申	2/7	乙丑	1/9	丁酉	12/8	丙寅	11
5/11	戊戌	4/10	丁卯	3/10	丁酉	2/8	丙寅	1/10	戊戌	12/9	丁卯	12
5/12	己亥	4/11	戊辰	3/11	戊戌	2/9	丁卯	1/11	己亥	12/10	戊辰	13
5/13	庚子	4/12	己巳	3/12	己亥	2/10	戊辰	1/12	庚子	12/11	己巳	14
5/14	辛丑	4/13	庚午	3/13	庚子	2/11	己巳	1/13	辛丑	12/12	庚午	15
5/15	壬寅	4/14	辛未	3/14	辛丑	2/12	庚午	1/14	壬寅	12/13	辛未	16
5/16	癸卯	4/15	壬申	3/15	壬寅	2/13	辛未	1/15	癸卯	12/14	壬申	17
5/17	甲辰	4/16	癸酉	3/16	癸卯	2/14	壬申	1/16	甲辰	12/15	癸酉	18
5/18	乙巳	4/17	甲戌	3/17	甲辰	2/15	癸酉	1/17	乙巳	12/16	甲戌	19
5/19	丙午	4/18	乙亥	3/18	乙巳	2/16	甲戌	1/18	丙午	12/17	乙亥	20
5/20	丁未	4/19	丙子	3/19	丙午	2/17	乙亥	1/19	丁未	12/18	丙子	21
5/21	戊申	4/20	丁丑	3/20	丁未	2/18	丙子	1/20	戊申	12/19	丁丑	22
5/22	己酉	4/21	戊寅	3/21	戊申	2/19	丁丑	1/21	己酉	12/20	戊寅	23
5/23	庚戌	4/22	己卯	3/22	己酉	2/20	戊寅	1/22	庚戌	12/21	己卯	24
5/24	辛亥	4/23	庚辰	3/23	庚戌	2/21	己卯	1/23	辛亥	12/22	庚辰	25
5/25	壬子	4/24	辛巳	3/24	辛亥	2/22	庚辰	1/24	壬子	12/23	辛巳	26
5/26	癸丑	4/25	壬午	3/25	壬子	2/23	辛巳	1/25	癸丑	12/24	壬午	27
5/27	甲寅	4/26	癸未	3/26	癸丑	2/24	壬午	1/26	甲寅	12/25	癸未	28
5/28	乙卯	4/27	甲申	3/27	甲寅	2/25	癸未			12/26	甲申	29
5/29	丙辰	4/28	乙酉	3/28	乙卯	2/26	甲申			12/27	乙酉	30
		4/29	丙戌			2/27	乙酉			12/28	丙戌	31

二〇一一年 辛卯 七赤

二元八運…「八運」

三元九運…「八運」

2010年　庚寅(年)／戊子(月)

月	12月		11月		10月		9月		8月		7月	
月干支	庚子		己亥		戊戌		丁酉		丙申		乙未	
紫白	七赤		八白		九紫		一白		二黒		三碧	
節	22	7	23	8	24	9	23	8	23	8	23	7
気	14時30分 冬至	20時29分 大雪	1時8分 小雪	3時35分 立冬	3時30分 霜降	0時19分 寒露	18時5分 秋分	8時34分 白露	20時21分 処暑	5時33分 立秋	13時12分 大暑	19時42分 小暑
新暦	農暦	日干支	農暦	日干支	農暦	日干支	農暦	日干支	農暦	日干支	農暦	日干支
1	11/7	庚寅	10/6	庚申	9/5	己丑	8/4	己未	7/2	戊子	6/1	丁巳
2	11/8	辛卯	10/7	辛酉	9/6	庚寅	8/5	庚申	7/3	己丑	6/2	戊午
3	11/9	壬辰	10/8	壬戌	9/7	辛卯	8/6	辛酉	7/4	庚寅	6/3	己未
4	11/10	癸巳	10/9	癸亥	9/8	壬辰	8/7	壬戌	7/5	辛卯	6/4	庚申
5	11/11	甲午	10/10	甲子	9/9	癸巳	8/8	癸亥	7/6	壬辰	6/5	辛酉
6	11/12	乙未	10/11	乙丑	9/10	甲午	8/9	甲子	7/7	癸巳	6/6	壬戌
7	11/13	丙申	10/12	丙寅	9/11	乙未	8/10	乙丑	7/8	甲午	6/7	癸亥
8	11/14	丁酉	10/13	丁卯	9/12	丙申	8/11	丙寅	7/9	乙未	6/8	甲子
9	11/15	戊戌	10/14	戊辰	9/13	丁酉	8/12	丁卯	7/10	丙申	6/9	乙丑
10	11/16	己亥	10/15	己巳	9/14	戊戌	8/13	戊辰	7/11	丁酉	6/10	丙寅
11	11/17	庚子	10/16	庚午	9/15	己亥	8/14	己巳	7/12	戊戌	6/11	丁卯
12	11/18	辛丑	10/17	辛未	9/16	庚子	8/15	庚午	7/13	己亥	6/12	戊辰
13	11/19	壬寅	10/18	壬申	9/17	辛丑	8/16	辛未	7/14	庚子	6/13	己巳
14	11/20	癸卯	10/19	癸酉	9/18	壬寅	8/17	壬申	7/15	辛丑	6/14	庚午
15	11/21	甲辰	10/20	甲戌	9/19	癸卯	8/18	癸酉	7/16	壬寅	6/15	辛未
16	11/22	乙巳	10/21	乙亥	9/20	甲辰	8/19	甲戌	7/17	癸卯	6/16	壬申
17	11/23	丙午	10/22	丙子	9/21	乙巳	8/20	乙亥	7/18	甲辰	6/17	癸酉
18	11/24	丁未	10/23	丁丑	9/22	丙午	8/21	丙子	7/19	乙巳	6/18	甲戌
19	11/25	戊申	10/24	戊寅	9/23	丁未	8/22	丁丑	7/20	丙午	6/19	乙亥
20	11/26	己酉	10/25	己卯	9/24	戊申	8/23	戊寅	7/21	丁未	6/20	丙子
21	11/27	庚戌	10/26	庚辰	9/25	己酉	8/24	己卯	7/22	戊申	6/21	丁丑
22	11/28	辛亥	10/27	辛巳	9/26	庚戌	8/25	庚辰	7/23	己酉	6/22	戊寅
23	11/29	壬子	10/28	壬午	9/27	辛亥	8/26	辛巳	7/24	庚戌	6/23	己卯
24	11/30	癸丑	10/29	癸未	9/28	壬子	8/27	壬午	7/25	辛亥	6/24	庚辰
25	12/1	甲寅	11/1	甲申	9/29	癸丑	8/28	癸未	7/26	壬子	6/25	辛巳
26	12/2	乙卯	11/2	乙酉	9/30	甲寅	8/29	甲申	7/27	癸丑	6/26	壬午
27	12/3	丙辰	11/3	丙戌	10/1	乙卯	9/1	乙酉	7/28	甲寅	6/27	癸未
28	12/4	丁巳	11/4	丁亥	10/2	丙辰	9/2	丙戌	7/29	乙卯	6/28	甲申
29	12/5	戊午	11/5	戊子	10/3	丁巳	9/3	丁亥	8/1	丙辰	6/29	乙酉
30	12/6	己未	11/6	己丑	10/4	戊午	9/4	戊子	8/2	丁巳	6/30	丙戌
31	12/7	庚申			10/5	己未			8/3	戊午	7/1	丁亥

二〇一二年　壬辰　六白　二元八運…「八運」　三元九運…「八運」

6月		5月		4月		3月		2月		1月		月
丙午		乙巳		甲辰		癸卯		壬寅		辛丑 辛卯(年)		月干支
一白		二黒		三碧		四緑		五黄		六白		紫白
21	5	21	5	20	4	20	5	19	4	21	6	節
8時9分 夏至	15時26分 芒種	0時16分 小満	11時20分 立夏	1時12分 穀雨	18時6分 清明	14時14分 春分	13時21分 啓蟄	15時18分 雨水	19時22分 立春	1時10分 大寒	7時44分 小寒	気
農暦	日干支	農暦	日干支	農暦	日干支	農暦	日干支	農暦	日干支	農暦	日干支	新暦
閏4/12	癸巳	4/11	壬戌	3/11	壬辰	2/9	辛酉	1/10	壬辰	12/8	辛酉	1
閏4/13	甲午	4/12	癸亥	3/12	癸巳	2/10	壬戌	1/11	癸巳	12/9	壬戌	2
閏4/14	乙未	4/13	甲子	3/13	甲午	2/11	癸亥	1/12	甲午	12/10	癸亥	3
閏4/15	丙申	4/14	乙丑	3/14	乙未	2/12	甲子	1/13	乙未	12/11	甲子	4
閏4/16	丁酉	4/15	丙寅	3/15	丙申	2/13	乙丑	1/14	丙申	12/12	乙丑	5
閏4/17	戊戌	4/16	丁卯	3/16	丁酉	2/14	丙寅	1/15	丁酉	12/13	丙寅	6
閏4/18	己亥	4/17	戊辰	3/17	戊戌	2/15	丁卯	1/16	戊戌	12/14	丁卯	7
閏4/19	庚子	4/18	己巳	3/18	己亥	2/16	戊辰	1/17	己亥	12/15	戊辰	8
閏4/20	辛丑	4/19	庚午	3/19	庚子	2/17	己巳	1/18	庚子	12/16	己巳	9
閏4/21	壬寅	4/20	辛未	3/20	辛丑	2/18	庚午	1/19	辛丑	12/17	庚午	10
閏4/22	癸卯	4/21	壬申	3/21	壬寅	2/19	辛未	1/20	壬寅	12/18	辛未	11
閏4/23	甲辰	4/22	癸酉	3/22	癸卯	2/20	壬申	1/21	癸卯	12/19	壬申	12
閏4/24	乙巳	4/23	甲戌	3/23	甲辰	2/21	癸酉	1/22	甲辰	12/20	癸酉	13
閏4/25	丙午	4/24	乙亥	3/24	乙巳	2/22	甲戌	1/23	乙巳	12/21	甲戌	14
閏4/26	丁未	4/25	丙子	3/25	丙午	2/23	乙亥	1/24	丙午	12/22	乙亥	15
閏4/27	戊申	4/26	丁丑	3/26	丁未	2/24	丙子	1/25	丁未	12/23	丙子	16
閏4/28	己酉	4/27	戊寅	3/27	戊申	2/25	丁丑	1/26	戊申	12/24	丁丑	17
閏4/29	庚戌	4/28	己卯	3/28	己酉	2/26	戊寅	1/27	己酉	12/25	戊寅	18
5/1	辛亥	4/29	庚辰	3/29	庚戌	2/27	己卯	1/28	庚戌	12/26	己卯	19
5/2	壬子	4/30	辛巳	3/30	辛亥	2/28	庚辰	1/29	辛亥	12/27	庚辰	20
5/3	癸丑	閏4/1	壬午	4/1	壬子	2/29	辛巳	1/30	壬子	12/28	辛巳	21
5/4	甲寅	閏4/2	癸未	4/2	癸丑	3/1	壬午	1/1	癸丑	12/29	壬午	22
5/5	乙卯	閏4/3	甲申	4/3	甲寅	3/2	癸未	2/2	甲寅	1/1	癸未	23
5/6	丙辰	閏4/4	乙酉	4/4	乙卯	3/3	甲申	2/3	乙卯	1/2	甲申	24
5/7	丁巳	閏4/5	丙戌	4/5	丙辰	3/4	乙酉	2/4	丙辰	1/3	乙酉	25
5/8	戊午	閏4/6	丁亥	4/6	丁巳	3/5	丙戌	2/5	丁巳	1/4	丙戌	26
5/9	己未	閏4/7	戊子	4/7	戊午	3/6	丁亥	2/6	戊午	1/5	丁亥	27
5/10	庚申	閏4/8	己丑	4/8	己未	3/7	戊子	2/7	己未	1/6	戊子	28
5/11	辛酉	閏4/9	庚寅	4/9	庚申	3/8	己丑	2/8	庚申	1/7	己丑	29
5/12	壬戌	閏4/10	辛卯	4/10	辛酉	3/9	庚寅			1/8	庚寅	30
		閏4/11	壬辰			3/10	辛卯			1/9	辛卯	31

2011年　辛卯(年)／庚子(月)

月	12月		11月		10月		9月		8月		7月	
月干支	壬子		辛亥		庚戌		己酉		戊申		丁未	
紫白	四緑		五黄		六白		七赤		八白		九紫	
節	21	7	22	7	23	8	22	7	23	7	22	7
気	20時12分 冬至	2時19分 大雪	6時50分 小雪	9時26分 立冬	9時14分 霜降	6時12分 寒露	23時49分 秋分	14時29分 白露	2時7分 処暑	11時31分 立秋	19時1分 大暑	1時41分 小暑
新暦	農暦	日干支	農暦	日干支	農暦	日干支	農暦	日干支	農暦	日干支	農暦	日干支
1	10/18	丙申	9/18	丙寅	8/16	乙未	7/16	乙丑	6/14	甲午	5/13	癸亥
2	10/19	丁酉	9/19	丁卯	8/17	丙申	7/17	丙寅	6/15	乙未	5/14	甲子
3	10/20	戊戌	9/20	戊辰	8/18	丁酉	7/18	丁卯	6/16	丙申	5/15	乙丑
4	10/21	己亥	9/21	己巳	8/19	戊戌	7/19	戊辰	6/17	丁酉	5/16	丙寅
5	10/22	庚子	9/22	庚午	8/20	己亥	7/20	己巳	6/18	戊戌	5/17	丁卯
6	10/23	辛丑	9/23	辛未	8/21	庚子	7/21	庚午	6/19	己亥	5/18	戊辰
7	10/24	壬寅	9/24	壬申	8/22	辛丑	7/22	辛未	6/20	庚子	5/19	己巳
8	10/25	癸卯	9/25	癸酉	8/23	壬寅	7/23	壬申	6/21	辛丑	5/20	庚午
9	10/26	甲辰	9/26	甲戌	8/24	癸卯	7/24	癸酉	6/22	壬寅	5/21	辛未
10	10/27	乙巳	9/27	乙亥	8/25	甲辰	7/25	甲戌	6/23	癸卯	5/22	壬申
11	10/28	丙午	9/28	丙子	8/26	乙巳	7/26	乙亥	6/24	甲辰	5/23	癸酉
12	10/29	丁未	9/29	丁丑	8/27	丙午	7/27	丙子	6/25	乙巳	5/24	甲戌
13	11/1	戊申	9/30	戊寅	8/28	丁未	7/28	丁丑	6/26	丙午	5/25	乙亥
14	11/2	己酉	10/1	己卯	8/29	戊申	7/29	戊寅	6/27	丁未	5/26	丙子
15	11/3	庚戌	10/2	庚辰	9/1	己酉	7/30	己卯	6/28	戊申	5/27	丁丑
16	11/4	辛亥	10/3	辛巳	9/2	庚戌	8/1	庚辰	6/29	己酉	5/28	戊寅
17	11/5	壬子	10/4	壬午	9/3	辛亥	8/2	辛巳	6/1	庚戌	5/29	己卯
18	11/6	癸丑	10/5	癸未	9/4	壬子	8/3	壬午	7/2	辛亥	5/30	庚辰
19	11/7	甲寅	10/6	甲申	9/5	癸丑	8/4	癸未	7/3	壬子	6/1	辛巳
20	11/8	乙卯	10/7	乙酉	9/6	甲寅	8/5	甲申	7/4	癸丑	6/2	壬午
21	11/9	丙辰	10/8	丙戌	9/7	乙卯	8/6	乙酉	7/5	甲寅	6/3	癸未
22	11/10	丁巳	10/9	丁亥	9/8	丙辰	8/7	丙戌	7/6	乙卯	6/4	甲申
23	11/11	戊午	10/10	戊子	9/9	丁巳	8/8	丁亥	7/7	丙辰	6/5	乙酉
24	11/12	己未	10/11	己丑	9/10	戊午	8/9	戊子	7/8	丁巳	6/6	丙戌
25	11/13	庚申	10/12	庚寅	9/11	己未	8/10	己丑	7/9	戊午	6/7	丁亥
26	11/14	辛酉	10/13	辛卯	9/12	庚申	8/11	庚寅	7/10	己未	6/8	戊子
27	11/15	壬戌	10/14	壬辰	9/13	辛酉	8/12	辛卯	7/11	庚申	6/9	己丑
28	11/16	癸亥	10/15	癸巳	9/14	壬戌	8/13	壬辰	7/12	辛酉	6/10	庚寅
29	11/17	甲子	10/16	甲午	9/15	癸亥	8/14	癸巳	7/13	壬戌	6/11	辛卯
30	11/18	乙丑	10/17	乙未	9/16	甲子	8/15	甲午	7/14	癸亥	6/12	壬辰
31	11/19	丙寅			9/17	乙丑			7/15	甲子	6/13	癸巳

二〇一三年　癸巳　五黄　二元八運…「八運」　三元九運…「八運」

6月		5月		4月		3月		2月		1月		月
戊午		丁巳		丙辰		乙卯		甲寅		癸丑 壬辰(年)		月干支
七赤		八白		九紫		一白		二黒		三碧		紫白
21	5	21	5	20	5	20	5	18	4	20	5	節
14時4分 夏至	21時23分 芒種	6時10分 小満	17時18分 立夏	7時3分 穀雨	0時2分 清明	20時2分 春分	19時15分 啓蟄	21時2分 雨水	1時13分 立春	6時52分 大寒	13時34分 小寒	気
農暦	日干支	農暦	日干支	農暦	日干支	農暦	日干支	農暦	日干支	農暦	日干支	新暦
4/23	戊戌	3/22	丁卯	2/21	丁酉	1/20	丙寅	12/21	戊戌	11/20	丁卯	1
4/24	己亥	3/23	戊辰	2/22	戊戌	1/21	丁卯	12/22	己亥	11/21	戊辰	2
4/25	庚子	3/24	己巳	2/23	己亥	1/22	戊辰	12/23	庚子	11/22	己巳	3
4/26	辛丑	3/25	庚午	2/24	庚子	1/23	己巳	12/24	辛丑	11/23	庚午	4
4/27	壬寅	3/26	辛未	2/25	辛丑	1/24	庚午	12/25	壬寅	11/24	辛未	5
4/28	癸卯	3/27	壬申	2/26	壬寅	1/25	辛未	12/26	癸卯	11/25	壬申	6
4/29	甲辰	3/28	癸酉	2/27	癸卯	1/26	壬申	12/27	甲辰	11/26	癸酉	7
4/1	乙巳	3/29	甲戌	2/28	甲辰	1/27	癸酉	12/28	乙巳	11/27	甲戌	8
5/2	丙午	3/30	乙亥	2/29	乙巳	1/28	甲戌	12/29	丙午	11/28	乙亥	9
5/3	丁未	4/1	丙子	3/1	丙午	1/29	乙亥	1/1	丁未	11/29	丙子	10
5/4	戊申	4/2	丁丑	3/2	丁未	1/30	丙子	1/2	戊申	11/30	丁丑	11
5/5	己酉	4/3	戊寅	3/3	戊申	2/1	丁丑	1/3	己酉	12/1	戊寅	12
5/6	庚戌	4/4	己卯	3/4	己酉	2/2	戊寅	1/4	庚戌	12/2	己卯	13
5/7	辛亥	4/5	庚辰	3/5	庚戌	2/3	己卯	1/5	辛亥	12/3	庚辰	14
5/8	壬子	4/6	辛巳	3/6	辛亥	2/4	庚辰	1/6	壬子	12/4	辛巳	15
5/9	癸丑	4/7	壬午	3/7	壬子	2/5	辛巳	1/7	癸丑	12/5	壬午	16
5/10	甲寅	4/8	癸未	3/8	癸丑	2/6	壬午	1/8	甲寅	12/6	癸未	17
5/11	乙卯	4/9	甲申	3/9	甲寅	2/7	癸未	1/9	乙卯	12/7	甲申	18
5/12	丙辰	4/10	乙酉	3/10	乙卯	2/8	甲申	1/10	丙辰	12/8	乙酉	19
5/13	丁巳	4/11	丙戌	3/11	丙辰	2/9	乙酉	1/11	丁巳	12/9	丙戌	20
5/14	戊午	4/12	丁亥	3/12	丁巳	2/10	丙戌	1/12	戊午	12/10	丁亥	21
5/15	己未	4/13	戊子	3/13	戊午	2/11	丁亥	1/13	己未	12/11	戊子	22
5/16	庚申	4/14	己丑	3/14	己未	2/12	戊子	1/14	庚申	12/12	己丑	23
5/17	辛酉	4/15	庚寅	3/15	庚申	2/13	己丑	1/15	辛酉	12/13	庚寅	24
5/18	壬戌	4/16	辛卯	3/16	辛酉	2/14	庚寅	1/16	壬戌	12/14	辛卯	25
5/19	癸亥	4/17	壬辰	3/17	壬戌	2/15	辛卯	1/17	癸亥	12/15	壬辰	26
5/20	甲子	4/18	癸巳	3/18	癸亥	2/16	壬辰	1/18	甲子	12/16	癸巳	27
5/21	乙丑	4/19	甲午	3/19	甲子	2/17	癸巳	1/19	乙丑	12/17	甲午	28
5/22	丙寅	4/20	乙未	3/20	乙丑	2/18	甲午			12/18	乙未	29
5/23	丁卯	4/21	丙申	3/21	丙寅	2/19	乙未			12/19	丙申	30
		4/22	丁酉			2/20	丙申			12/20	丁酉	31

2012年　壬辰(年)／壬子(月)

月	12月		11月		10月		9月		8月		7月	
月干支	甲子		癸亥		壬戌		辛酉		庚申		己未	
紫白	一白		二黒		三碧		四緑		五黄		六白	
節	22	7	22	7	23	8	23	7	23	7	23	7
気	2時11分 冬至	8時9分 大雪	12時48分 小雪	15時14分 立冬	15時10分 霜降	11時58分 寒露	5時44分 秋分	20時16分 白露	8時2分 処暑	17時20分 立秋	0時56分 大暑	7時35分 小暑
新暦	農暦	日干支	農暦	日干支	農暦	日干支	農暦	日干支	農暦	日干支	農暦	日干支
1	10/29	辛丑	9/28	辛未	8/27	庚子	7/26	庚午	6/25	己亥	5/24	戊辰
2	10/30	壬寅	9/29	壬申	8/28	辛丑	7/27	辛未	6/26	庚子	5/25	己巳
3	11/1	癸卯	10/1	癸酉	8/29	壬寅	7/28	壬申	6/27	辛丑	5/26	庚午
4	11/2	甲辰	10/2	甲戌	8/30	癸卯	7/29	癸酉	6/28	壬寅	5/27	辛未
5	11/3	乙巳	10/3	乙亥	9/1	甲辰	8/1	甲戌	6/29	癸卯	5/28	壬申
6	11/4	丙午	10/4	丙子	9/2	乙巳	8/2	乙亥	6/30	甲辰	5/29	癸酉
7	11/5	丁未	10/5	丁丑	9/3	丙午	8/3	丙子	7/1	乙巳	5/30	甲戌
8	11/6	戊申	10/6	戊寅	9/4	丁未	8/4	丁丑	7/2	丙午	6/1	乙亥
9	11/7	己酉	10/7	己卯	9/5	戊申	8/5	戊寅	7/3	丁未	6/2	丙子
10	11/8	庚戌	10/8	庚辰	9/6	己酉	8/6	己卯	7/4	戊申	6/3	丁丑
11	11/9	辛亥	10/9	辛巳	9/7	庚戌	8/7	庚辰	7/5	己酉	6/4	戊寅
12	11/10	壬子	10/10	壬午	9/8	辛亥	8/8	辛巳	7/6	庚戌	6/5	己卯
13	11/11	癸丑	10/11	癸未	9/9	壬子	8/9	壬午	7/7	辛亥	6/6	庚辰
14	11/12	甲寅	10/12	甲申	9/10	癸丑	8/10	癸未	7/8	壬子	6/7	辛巳
15	11/13	乙卯	10/13	乙酉	9/11	甲寅	8/11	甲申	7/9	癸丑	6/8	壬午
16	11/14	丙辰	10/14	丙戌	9/12	乙卯	8/12	乙酉	7/10	甲寅	6/9	癸未
17	11/15	丁巳	10/15	丁亥	9/13	丙辰	8/13	丙戌	7/11	乙卯	6/10	甲申
18	11/16	戊午	10/16	戊子	9/14	丁巳	8/14	丁亥	7/12	丙辰	6/11	乙酉
19	11/17	己未	10/17	己丑	9/15	戊午	8/15	戊子	7/13	丁巳	6/12	丙戌
20	11/18	庚申	10/18	庚寅	9/16	己未	8/16	己丑	7/14	戊午	6/13	丁亥
21	11/19	辛酉	10/19	辛卯	9/17	庚申	8/17	庚寅	7/15	己未	6/14	戊子
22	11/20	壬戌	10/20	壬辰	9/18	辛酉	8/18	辛卯	7/16	庚申	6/15	己丑
23	11/21	癸亥	10/21	癸巳	9/19	壬戌	8/19	壬辰	7/17	辛酉	6/16	庚寅
24	11/22	甲子	10/22	甲午	9/20	癸亥	8/20	癸巳	7/18	壬戌	6/17	辛卯
25	11/23	乙丑	10/23	乙未	9/21	甲子	8/21	甲午	7/19	癸亥	6/18	壬辰
26	11/24	丙寅	10/24	丙申	9/22	乙丑	8/22	乙未	7/20	甲子	6/19	癸巳
27	11/25	丁卯	10/25	丁酉	9/23	丙寅	8/23	丙申	7/21	乙丑	6/20	甲午
28	11/26	戊辰	10/26	戊戌	9/24	丁卯	8/24	丁酉	7/22	丙寅	6/21	乙未
29	11/27	己巳	10/27	己亥	9/25	戊辰	8/25	戊戌	7/23	丁卯	6/22	丙申
30	11/28	庚午	10/28	庚子	9/26	己巳	8/26	己亥	7/24	戊辰	6/23	丁酉
31	11/29	辛未			9/27	庚午			7/25	己巳	6/24	戊戌

二〇一四年

甲午

四緑

二元八運…「八運」

三元九運…「八運」

6月		5月		4月		3月		2月		1月		月
庚午		己巳		戊辰		丁卯		丙寅		乙丑 癸巳(年)		月干支
四緑		五黄		六白		七赤		八白		九紫		紫白
21	6	21	5	20	5	21	6	19	4	20	5	節
19時51分 夏至	3時3分 芒種	11時59分 小満	22時59分 立夏	12時56分 穀雨	5時47分 清明	1時57分 春分	1時2分 啓蟄	2時59分 雨水	7時3分 立春	12時51分 大寒	19時24分 小寒	気
農暦	日干支	農暦	日干支	農暦	日干支	農暦	日干支	農暦	日干支	農暦	日干支	新暦
5/4	癸卯	4/3	壬申	3/2	壬寅	2/1	辛未	1/2	癸卯	12/1	壬申	1
5/5	甲辰	4/4	癸酉	3/3	癸卯	2/2	壬申	1/3	甲辰	12/2	癸酉	2
5/6	乙巳	4/5	甲戌	3/4	甲辰	2/3	癸酉	1/4	乙巳	12/3	甲戌	3
5/7	丙午	4/6	乙亥	3/5	乙巳	2/4	甲戌	1/5	丙午	12/4	乙亥	4
5/8	丁未	4/7	丙子	3/6	丙午	2/5	乙亥	1/6	丁未	12/5	丙子	5
5/9	戊申	4/8	丁丑	3/7	丁未	2/6	丙子	1/7	戊申	12/6	丁丑	6
5/10	己酉	4/9	戊寅	3/8	戊申	2/7	丁丑	1/8	己酉	12/7	戊寅	7
5/11	庚戌	4/10	己卯	3/9	己酉	2/8	戊寅	1/9	庚戌	12/8	己卯	8
5/12	辛亥	4/11	庚辰	3/10	庚戌	2/9	己卯	1/10	辛亥	12/9	庚辰	9
5/13	壬子	4/12	辛巳	3/11	辛亥	2/10	庚辰	1/11	壬子	12/10	辛巳	10
5/14	癸丑	4/13	壬午	3/12	壬子	2/11	辛巳	1/12	癸丑	12/11	壬午	11
5/15	甲寅	4/14	癸未	3/13	癸丑	2/12	壬午	1/13	甲寅	12/12	癸未	12
5/16	乙卯	4/15	甲申	3/14	甲寅	2/13	癸未	1/14	乙卯	12/13	甲申	13
5/17	丙辰	4/16	乙酉	3/15	乙卯	2/14	甲申	1/15	丙辰	12/14	乙酉	14
5/18	丁巳	4/17	丙戌	3/16	丙辰	2/15	乙酉	1/16	丁巳	12/15	丙戌	15
5/19	戊午	4/18	丁亥	3/17	丁巳	2/16	丙戌	1/17	戊午	12/16	丁亥	16
5/20	己未	4/19	戊子	3/18	戊午	2/17	丁亥	1/18	己未	12/17	戊子	17
5/21	庚申	4/20	己丑	3/19	己未	2/18	戊子	1/19	庚申	12/18	己丑	18
5/22	辛酉	4/21	庚寅	3/20	庚申	2/19	己丑	1/20	辛酉	12/19	庚寅	19
5/23	壬戌	4/22	辛卯	3/21	辛酉	2/20	庚寅	1/21	壬戌	12/20	辛卯	20
5/24	癸亥	4/23	壬辰	3/22	壬戌	2/21	辛卯	1/22	癸亥	12/21	壬辰	21
5/25	甲子	4/24	癸巳	3/23	癸亥	2/22	壬辰	1/23	甲子	12/22	癸巳	22
5/26	乙丑	4/25	甲午	3/24	甲子	2/23	癸巳	1/24	乙丑	12/23	甲午	23
5/27	丙寅	4/26	乙未	3/25	乙丑	2/24	甲午	1/25	丙寅	12/24	乙未	24
5/28	丁卯	4/27	丙申	3/26	丙寅	2/25	乙未	1/26	丁卯	12/25	丙申	25
5/29	戊辰	4/28	丁酉	3/27	丁卯	2/26	丙申	1/27	戊辰	12/26	丁酉	26
6/1	己巳	4/29	戊戌	3/28	戊辰	2/27	丁酉	1/28	己巳	12/27	戊戌	27
6/2	庚午	4/30	己亥	3/29	己巳	2/28	戊戌	1/29	庚午	12/28	己亥	28
6/3	辛未	5/1	庚子	4/1	庚午	2/29	己亥			12/29	庚子	29
6/4	壬申	5/2	辛丑	4/2	辛未	2/30	庚子			12/30	辛丑	30
		5/3	壬寅			3/1	辛丑			1/1	壬寅	31

2013年　癸巳(年)／甲子(月)

月	12月		11月		10月		9月		8月		7月	
月干支	丙子		乙亥		甲戌		癸酉		壬申		辛未	
紫白	七赤		八白		九紫		一白		二黒		三碧	
節	22	7	22	7	23	8	23	8	23	7	23	7
気	8時3分 冬至	14時4分 大雪	13時38分 小雪	21時7分 立冬	20時57分 霜降	17時47分 寒露	11時29分 秋分	2時1分 白露	13時46分 処暑	23時2分 立秋	6時41分 大暑	13時15分 小暑
新暦	農暦	日干支	農暦	日干支	農暦	日干支	農暦	日干支	農暦	日干支	農暦	日干支
1	10/10	丙午	閏9/9	丙子	9/8	乙巳	8/8	乙亥	7/6	甲辰	6/5	癸酉
2	10/11	丁未	閏9/10	丁丑	9/9	丙午	8/9	丙子	7/7	乙巳	6/6	甲戌
3	10/12	戊申	閏9/11	戊寅	9/10	丁未	8/10	丁丑	7/8	丙午	6/7	乙亥
4	10/13	己酉	閏9/12	己卯	9/11	戊申	8/11	戊寅	7/9	丁未	6/8	丙子
5	10/14	庚戌	閏9/13	庚辰	9/12	己酉	8/12	己卯	7/10	戊申	6/9	丁丑
6	10/15	辛亥	閏9/14	辛巳	9/13	庚戌	8/13	庚辰	7/11	己酉	6/10	戊寅
7	10/16	壬子	閏9/15	壬午	9/14	辛亥	8/14	辛巳	7/12	庚戌	6/11	己卯
8	10/17	癸丑	閏9/16	癸未	9/15	壬子	8/15	壬午	7/13	辛亥	6/12	庚辰
9	10/18	甲寅	閏9/17	甲申	9/16	癸丑	8/16	癸未	7/14	壬子	6/13	辛巳
10	10/19	乙卯	閏9/18	乙酉	9/17	甲寅	8/17	甲申	7/15	癸丑	6/14	壬午
11	10/20	丙辰	閏9/19	丙戌	9/18	乙卯	8/18	乙酉	7/16	甲寅	6/15	癸未
12	10/21	丁巳	閏9/20	丁亥	9/19	丙辰	8/19	丙戌	7/17	乙卯	6/16	甲申
13	10/22	戊午	閏9/21	戊子	9/20	丁巳	8/20	丁亥	7/18	丙辰	6/17	乙酉
14	10/23	己未	閏9/22	己丑	9/21	戊午	8/21	戊子	7/19	丁巳	6/18	丙戌
15	10/24	庚申	閏9/23	庚寅	9/22	己未	8/22	己丑	7/20	戊午	6/19	丁亥
16	10/25	辛酉	閏9/24	辛卯	9/23	庚申	8/23	庚寅	7/21	己未	6/20	戊子
17	10/26	壬戌	閏9/25	壬辰	9/24	辛酉	8/24	辛卯	7/22	庚申	6/21	己丑
18	10/27	癸亥	閏9/26	癸巳	9/25	壬戌	8/25	壬辰	7/23	辛酉	6/22	庚寅
19	10/28	甲子	閏9/27	甲午	9/26	癸亥	8/26	癸巳	7/24	壬戌	6/23	辛卯
20	10/29	乙丑	閏9/28	乙未	9/27	甲子	8/27	甲午	7/25	癸亥	6/24	壬辰
21	10/30	丙寅	閏9/29	丙申	9/28	乙丑	8/28	乙未	7/26	甲子	6/25	癸巳
22	11/1	丁卯	10/1	丁酉	9/29	丙寅	8/29	丙申	7/27	乙丑	6/26	甲午
23	11/2	戊辰	10/2	戊戌	9/30	丁卯	8/30	丁酉	7/28	丙寅	6/27	乙未
24	11/3	己巳	10/3	己亥	閏9/1	戊辰	9/1	戊戌	7/29	丁卯	6/28	丙申
25	11/4	庚午	10/4	庚子	閏9/2	己巳	9/2	己亥	8/1	戊辰	6/29	丁酉
26	11/5	辛未	10/5	辛丑	閏9/3	庚午	9/3	庚子	8/2	己巳	6/30	戊戌
27	11/6	壬申	10/6	壬寅	閏9/4	辛未	9/4	辛丑	8/3	庚午	7/1	己亥
28	11/7	癸酉	10/7	癸卯	閏9/5	壬申	9/5	壬寅	8/4	辛未	7/2	庚子
29	11/8	甲戌	10/8	甲辰	閏9/6	癸酉	9/6	癸卯	8/5	壬申	7/3	辛丑
30	11/9	乙亥	10/9	乙巳	閏9/7	甲戌	9/7	甲辰	8/6	癸酉	7/4	壬寅
31	11/10	丙子			閏9/8	乙亥			8/7	甲戌	7/5	癸卯

二〇一五年　乙未　三碧

二元八運…「八運」　三元九運…「八運」

6月		5月		4月		3月		2月		1月		月
壬午		辛巳		庚辰		己卯		戊寅		丁丑 甲午(年)		月干支
一白		二黒		三碧		四緑		五黄		六白		紫白
22	6	21	6	20	5	21	6	19	4	20	6	節
1時38分 夏至	8時58分 芒種	17時45分 小満	4時53分 立夏	18時42分 穀雨	11時39分 清明	7時45分 春分	6時56分 啓蟄	8時50分 雨水	12時58分 立春	18時43分 大寒	1時21分 小寒	気
農暦	日干支	農暦	日干支	農暦	日干支	農暦	日干支	農暦	日干支	農暦	日干支	新暦
4/15	戊申	3/13	丁丑	2/13	丁未	1/11	丙子	12/13	戊申	11/11	丁丑	1
4/16	己酉	3/14	戊寅	2/14	戊申	1/12	丁丑	12/14	己酉	11/12	戊寅	2
4/17	庚戌	3/15	己卯	2/15	己酉	1/13	戊寅	12/15	庚戌	11/13	己卯	3
4/18	辛亥	3/16	庚辰	2/16	庚戌	1/14	己卯	12/16	辛亥	11/14	庚辰	4
4/19	壬子	3/17	辛巳	2/17	辛亥	1/15	庚辰	12/17	壬子	11/15	辛巳	5
4/20	癸丑	3/18	壬午	2/18	壬子	1/16	辛巳	12/18	癸丑	11/16	壬午	6
4/21	甲寅	3/19	癸未	2/19	癸丑	1/17	壬午	12/19	甲寅	11/17	癸未	7
4/22	乙卯	3/20	甲申	2/20	甲寅	1/18	癸未	12/20	乙卯	11/18	甲申	8
4/23	丙辰	3/21	乙酉	2/21	乙卯	1/19	甲申	12/21	丙辰	11/19	乙酉	9
4/24	丁巳	3/22	丙戌	2/22	丙辰	1/20	乙酉	12/22	丁巳	11/20	丙戌	10
4/25	戊午	3/23	丁亥	2/23	丁巳	1/21	丙戌	12/23	戊午	11/21	丁亥	11
4/26	己未	3/24	戊子	2/24	戊午	1/22	丁亥	12/24	己未	11/22	戊子	12
4/27	庚申	3/25	己丑	2/25	己未	1/23	戊子	12/25	庚申	11/23	己丑	13
4/28	辛酉	3/26	庚寅	2/26	庚申	1/24	己丑	12/26	辛酉	11/24	庚寅	14
4/29	壬戌	3/27	辛卯	2/27	辛酉	1/25	庚寅	12/27	壬戌	11/25	辛卯	15
5/1	癸亥	3/28	壬辰	2/28	壬戌	1/26	辛卯	12/28	癸亥	11/26	壬辰	16
5/2	甲子	3/29	癸巳	2/29	癸亥	1/27	壬辰	12/29	甲子	11/27	癸巳	17
5/3	乙丑	4/1	甲午	2/30	甲子	1/28	癸巳	12/30	乙丑	11/28	甲午	18
5/4	丙寅	4/2	乙未	3/1	乙丑	1/29	甲午	1/1	丙寅	11/29	乙未	19
5/5	丁卯	4/3	丙申	3/2	丙寅	2/1	乙未	1/2	丁卯	12/1	丙申	20
5/6	戊辰	4/4	丁酉	3/3	丁卯	2/2	丙申	1/3	戊辰	12/2	丁酉	21
5/7	己巳	4/5	戊戌	3/4	戊辰	2/3	丁酉	1/4	己巳	12/3	戊戌	22
5/8	庚午	4/6	己亥	3/5	己巳	2/4	戊戌	1/5	庚午	12/4	己亥	23
5/9	辛未	4/7	庚子	3/6	庚午	2/5	己亥	1/6	辛未	12/5	庚子	24
5/10	壬申	4/8	辛丑	3/7	辛未	2/6	庚子	1/7	壬申	12/6	辛丑	25
5/11	癸酉	4/9	壬寅	3/8	壬申	2/7	辛丑	1/8	癸酉	12/7	壬寅	26
5/12	甲戌	4/10	癸卯	3/9	癸酉	2/8	壬寅	1/9	甲戌	12/8	癸卯	27
5/13	乙亥	4/11	甲辰	3/10	甲戌	2/9	癸卯	1/10	乙亥	12/9	甲辰	28
5/14	丙子	4/12	乙巳	3/11	乙亥	2/10	甲辰			12/10	乙巳	29
5/15	丁丑	4/13	丙午	3/12	丙子	2/11	乙巳			12/11	丙午	30
		4/14	丁未			2/12	丙午			12/12	丁未	31

2014年　甲午(年)／丙子(月)

月	12月		11月		10月		9月		8月		7月	
月干支	戊子		丁亥		丙戌		乙酉		甲申		癸未	
紫白	四緑		五黄		六白		七赤		八白		九紫	
節	22	7	23	8	24	8	23	8	23	8	23	7
気	13時48分 冬至	19時53分 大雪	0時25分 小雪	2時59分 立冬	2時47分 霜降	23時43分 寒露	17時21分 秋分	8時0分 白露	19時37分 処暑	5時1分 立秋	12時30分 大暑	19時12分 小暑
新暦	農暦	日干支	農暦	日干支	農暦	日干支	農暦	日干支	農暦	日干支	農暦	日干支
1	10/20	辛亥	9/20	辛巳	8/19	庚戌	7/19	庚辰	6/17	己酉	5/16	戊寅
2	10/21	壬子	9/21	壬午	8/20	辛亥	7/20	辛巳	6/18	庚戌	5/17	己卯
3	10/22	癸丑	9/22	癸未	8/21	壬子	7/21	壬午	6/19	辛亥	5/18	庚辰
4	10/23	甲寅	9/23	甲申	8/22	癸丑	7/22	癸未	6/20	壬子	5/19	辛巳
5	10/24	乙卯	9/24	乙酉	8/23	甲寅	7/23	甲申	6/21	癸丑	5/20	壬午
6	10/25	丙辰	9/25	丙戌	8/24	乙卯	7/24	乙酉	6/22	甲寅	5/21	癸未
7	10/26	丁巳	9/26	丁亥	8/25	丙辰	7/25	丙戌	6/23	乙卯	5/22	甲申
8	10/27	戊午	9/27	戊子	8/26	丁巳	7/26	丁亥	6/24	丙辰	5/23	乙酉
9	10/28	己未	9/28	己丑	8/27	戊午	7/27	戊子	6/25	丁巳	5/24	丙戌
10	10/29	庚申	9/29	庚寅	8/28	己未	7/28	己丑	6/26	戊午	5/25	丁亥
11	11/1	辛酉	9/30	辛卯	8/29	庚申	7/29	庚寅	6/27	己未	5/26	戊子
12	11/2	壬戌	10/1	壬辰	8/30	辛酉	7/30	辛卯	6/28	庚申	5/27	己丑
13	11/3	癸亥	10/2	癸巳	9/1	壬戌	8/1	壬辰	6/29	辛酉	5/28	庚寅
14	11/4	甲子	10/3	甲午	9/2	癸亥	8/2	癸巳	7/1	壬戌	5/29	辛卯
15	11/5	乙丑	10/4	乙未	9/3	甲子	8/3	甲午	7/2	癸亥	5/30	壬辰
16	11/6	丙寅	10/5	丙申	9/4	乙丑	8/4	乙未	7/3	甲子	6/1	癸巳
17	11/7	丁卯	10/6	丁酉	9/5	丙寅	8/5	丙申	7/4	乙丑	6/2	甲午
18	11/8	戊辰	10/7	戊戌	9/6	丁卯	8/6	丁酉	7/5	丙寅	6/3	乙未
19	11/9	己巳	10/8	己亥	9/7	戊辰	8/7	戊戌	7/6	丁卯	6/4	丙申
20	11/10	庚午	10/9	庚子	9/8	己巳	8/8	己亥	7/7	戊辰	6/5	丁酉
21	11/11	辛未	10/10	辛丑	9/9	庚午	8/9	庚子	7/8	己巳	6/6	戊戌
22	11/12	壬申	10/11	壬寅	9/10	辛未	8/10	辛丑	7/9	庚午	6/7	己亥
23	11/13	癸酉	10/12	癸卯	9/11	壬申	8/11	壬寅	7/10	辛未	6/8	庚子
24	11/14	甲戌	10/13	甲辰	9/12	癸酉	8/12	癸卯	7/11	壬申	6/9	辛丑
25	11/15	乙亥	10/14	乙巳	9/13	甲戌	8/13	甲辰	7/12	癸酉	6/10	壬寅
26	11/16	丙子	10/15	丙午	9/14	乙亥	8/14	乙巳	7/13	甲戌	6/11	癸卯
27	11/17	丁丑	10/16	丁未	9/15	丙子	8/15	丙午	7/14	乙亥	6/12	甲辰
28	11/18	戊寅	10/17	戊申	9/16	丁丑	8/16	丁未	7/15	丙子	6/13	乙巳
29	11/19	己卯	10/18	己酉	9/17	戊寅	8/17	戊申	7/16	丁丑	6/14	丙午
30	11/20	庚辰	10/19	庚戌	9/18	己卯	8/18	己酉	7/17	戊寅	6/15	丁未
31	11/21	辛巳			9/19	庚辰			7/18	己卯	6/16	戊申

二〇一六年 丙申 二黒

二元八運…「八運」　三元九運…「八運」

6月		5月		4月		3月		2月		1月		月
甲午		癸巳		壬辰		辛卯		庚寅		己丑 乙未(年)		月干支
七赤		八白		九紫		一白		二黒		三碧		紫白
21	5	20	5	20	4	20	5	19	4	21	6	節
7時34分 夏至	14時48分 芒種	23時36分 小満	10時42分 立夏	0時29分 穀雨	17時27分 清明	13時30分 春分	12時44分 啓蟄	14時34分 雨水	18時46分 立春	0時27分 大寒	7時8分 小寒	気
農暦	日干支	農暦	日干支	農暦	日干支	農暦	日干支	農暦	日干支	農暦	日干支	新暦
4/26	甲寅	3/25	癸未	2/24	癸丑	1/23	壬午	12/23	癸丑	11/22	壬午	1
4/27	乙卯	3/26	甲申	2/25	甲寅	1/24	癸未	12/24	甲寅	11/23	癸未	2
4/28	丙辰	3/27	乙酉	2/26	乙卯	1/25	甲申	12/25	乙卯	11/24	甲申	3
4/29	丁巳	3/28	丙戌	2/27	丙辰	1/26	乙酉	12/26	丙辰	11/25	乙酉	4
5/1	戊午	3/29	丁亥	2/28	丁巳	1/27	丙戌	12/27	丁巳	11/26	丙戌	5
5/2	己未	3/30	戊子	2/29	戊午	1/28	丁亥	12/28	戊午	11/27	丁亥	6
5/3	庚申	4/1	己丑	3/1	己未	1/29	戊子	12/29	己未	11/28	戊子	7
5/4	辛酉	4/2	庚寅	3/2	庚申	1/30	己丑	1/1	庚申	11/29	己丑	8
5/5	壬戌	4/3	辛卯	3/3	辛酉	2/1	庚寅	1/2	辛酉	11/30	庚寅	9
5/6	癸亥	4/4	壬辰	3/4	壬戌	2/2	辛卯	1/3	壬戌	12/1	辛卯	10
5/7	甲子	4/5	癸巳	3/5	癸亥	2/3	壬辰	1/4	癸亥	12/2	壬辰	11
5/8	乙丑	4/6	甲午	3/6	甲子	2/4	癸巳	1/5	甲子	12/3	癸巳	12
5/9	丙寅	4/7	乙未	3/7	乙丑	2/5	甲午	1/6	乙丑	12/4	甲午	13
5/10	丁卯	4/8	丙申	3/8	丙寅	2/6	乙未	1/7	丙寅	12/5	乙未	14
5/11	戊辰	4/9	丁酉	3/9	丁卯	2/7	丙申	1/8	丁卯	12/6	丙申	15
5/12	己巳	4/10	戊戌	3/10	戊辰	2/8	丁酉	1/9	戊辰	12/7	丁酉	16
5/13	庚午	4/11	己亥	3/11	己巳	2/9	戊戌	1/10	己巳	12/8	戊戌	17
5/14	辛未	4/12	庚子	3/12	庚午	2/10	己亥	1/11	庚午	12/9	己亥	18
5/15	壬申	4/13	辛丑	3/13	辛未	2/11	庚子	1/12	辛未	12/10	庚子	19
5/16	癸酉	4/14	壬寅	3/14	壬申	2/12	辛丑	1/13	壬申	12/11	辛丑	20
5/17	甲戌	4/15	癸卯	3/15	癸酉	2/13	壬寅	1/14	癸酉	12/12	壬寅	21
5/18	乙亥	4/16	甲辰	3/16	甲戌	2/14	癸卯	1/15	甲戌	12/13	癸卯	22
5/19	丙子	4/17	乙巳	3/17	乙亥	2/15	甲辰	1/16	乙亥	12/14	甲辰	23
5/20	丁丑	4/18	丙午	3/18	丙子	2/16	乙巳	1/17	丙子	12/15	乙巳	24
5/21	戊寅	4/19	丁未	3/19	丁丑	2/17	丙午	1/18	丁丑	12/16	丙午	25
5/22	己卯	4/20	戊申	3/20	戊寅	2/18	丁未	1/19	戊寅	12/17	丁未	26
5/23	庚辰	4/21	己酉	3/21	己卯	2/19	戊申	1/20	己卯	12/18	戊申	27
5/24	辛巳	4/22	庚戌	3/22	庚辰	2/20	己酉	1/21	庚辰	12/19	己酉	28
5/25	壬午	4/23	辛亥	3/23	辛巳	2/21	庚戌	1/22	辛巳	12/20	庚戌	29
5/26	癸未	4/24	壬子	3/24	壬午	2/22	辛亥			12/21	辛亥	30
		4/25	癸丑			2/23	壬子			12/22	壬子	31

2015年　乙未(年)／戊子(月)

月	12月		11月		10月		9月		8月		7月	
月干支	庚子		己亥		戊戌		丁酉		丙申		乙未	
紫白	一白		二黒		三碧		四緑		五黄		六白	
節	21	7	22	7	23	8	22	7	23	7	22	7
気	19時44分 冬至	1時41分 大雪	6時22分 小雪	8時48分 立冬	8時46分 霜降	5時33分 寒露	23時21分 秋分	13時51分 白露	1時38分 処暑	10時53分 立秋	18時30分 大暑	1時3分 小暑
新暦	農暦	日干支	農暦	日干支	農暦	日干支	農暦	日干支	農暦	日干支	農暦	日干支
1	11/3	丁巳	10/2	丁亥	9/1	丙辰	8/1	丙戌	6/29	乙卯	5/27	甲申
2	11/4	戊午	10/3	戊子	9/2	丁巳	8/2	丁亥	6/30	丙辰	5/28	乙酉
3	11/5	己未	10/4	己丑	9/3	戊午	8/3	戊子	7/1	丁巳	5/29	丙戌
4	11/6	庚申	10/5	庚寅	9/4	己未	8/4	己丑	7/2	戊午	6/1	丁亥
5	11/7	辛酉	10/6	辛卯	9/5	庚申	8/5	庚寅	7/3	己未	6/2	戊子
6	11/8	壬戌	10/7	壬辰	9/6	辛酉	8/6	辛卯	7/4	庚申	6/3	己丑
7	11/9	癸亥	10/8	癸巳	9/7	壬戌	8/7	壬辰	7/5	辛酉	6/4	庚寅
8	11/10	甲子	10/9	甲午	9/8	癸亥	8/8	癸巳	7/6	壬戌	6/5	辛卯
9	11/11	乙丑	10/10	乙未	9/9	甲子	8/9	甲午	7/7	癸亥	6/6	壬辰
10	11/12	丙寅	10/11	丙申	9/10	乙丑	8/10	乙未	7/8	甲子	6/7	癸巳
11	11/13	丁卯	10/12	丁酉	9/11	丙寅	8/11	丙申	7/9	乙丑	6/8	甲午
12	11/14	戊辰	10/13	戊戌	9/12	丁卯	8/12	丁酉	7/10	丙寅	6/9	乙未
13	11/15	己巳	10/14	己亥	9/13	戊辰	8/13	戊戌	7/11	丁卯	6/10	丙申
14	11/16	庚午	10/15	庚子	9/14	己巳	8/14	己亥	7/12	戊辰	6/11	丁酉
15	11/17	辛未	10/16	辛丑	9/15	庚午	8/15	庚子	7/13	己巳	6/12	戊戌
16	11/18	壬申	10/17	壬寅	9/16	辛未	8/16	辛丑	7/14	庚午	6/13	己亥
17	11/19	癸酉	10/18	癸卯	9/17	壬申	8/17	壬寅	7/15	辛未	6/14	庚子
18	11/20	甲戌	10/19	甲辰	9/18	癸酉	8/18	癸卯	7/16	壬申	6/15	辛丑
19	11/21	乙亥	10/20	乙巳	9/19	甲戌	8/19	甲辰	7/17	癸酉	6/16	壬寅
20	11/22	丙子	10/21	丙午	9/20	乙亥	8/20	乙巳	7/18	甲戌	6/17	癸卯
21	11/23	丁丑	10/22	丁未	9/21	丙子	8/21	丙午	7/19	乙亥	6/18	甲辰
22	11/24	戊寅	10/23	戊申	9/22	丁丑	8/22	丁未	7/20	丙子	6/19	乙巳
23	11/25	己卯	10/24	己酉	9/23	戊寅	8/23	戊申	7/21	丁丑	6/20	丙午
24	11/26	庚辰	10/25	庚戌	9/24	己卯	8/24	己酉	7/22	戊寅	6/21	丁未
25	11/27	辛巳	10/26	辛亥	9/25	庚辰	8/25	庚戌	7/23	己卯	6/22	戊申
26	11/28	壬午	10/27	壬子	9/26	辛巳	8/26	辛亥	7/24	庚辰	6/23	己酉
27	11/29	癸未	10/28	癸丑	9/27	壬午	8/27	壬子	7/25	辛巳	6/24	庚戌
28	11/30	甲申	10/29	甲寅	9/28	癸未	8/28	癸丑	7/26	壬午	6/25	辛亥
29	12/1	乙酉	11/1	乙卯	9/29	甲申	8/29	甲寅	7/27	癸未	6/26	壬子
30	12/2	丙戌	11/2	丙辰	9/30	乙酉	8/30	乙卯	7/28	甲申	6/27	癸丑
31	12/3	丁亥			10/1	丙戌			7/29	乙酉	6/28	甲寅

6月		5月		4月		3月		2月		1月		月
丙午		乙巳		甲辰		癸卯		壬寅		辛丑 丙申(年)		月干支
四緑		五黄		六白		七赤		八白		九紫		紫白
21	5	21	5	20	4	20	5	18	4	20	5	節
13時24分 夏至	20時37分 芒種	5時31分 小満	16時31分 立夏	6時27分 穀雨	23時17分 清明	19時29分 春分	18時33分 啓蟄	20時31分 雨水	0時34分 立春	6時24分 大寒	12時56分 小寒	気
農暦	日干支	農暦	日干支	農暦	日干支	農暦	日干支	農暦	日干支	農暦	日干支	新暦
5/7	己未	4/6	戊子	3/5	戊午	2/4	丁亥	1/5	己未	12/4	戊子	1
5/8	庚申	4/7	己丑	3/6	己未	2/5	戊子	1/6	庚申	12/5	己丑	2
5/9	辛酉	4/8	庚寅	3/7	庚申	2/6	己丑	1/7	辛酉	12/6	庚寅	3
5/10	壬戌	4/9	辛卯	3/8	辛酉	2/7	庚寅	1/8	壬戌	12/7	辛卯	4
5/11	癸亥	4/10	壬辰	3/9	壬戌	2/8	辛卯	1/9	癸亥	12/8	壬辰	5
5/12	甲子	4/11	癸巳	3/10	癸亥	2/9	壬辰	1/10	甲子	12/9	癸巳	6
5/13	乙丑	4/12	甲午	3/11	甲子	2/10	癸巳	1/11	乙丑	12/10	甲午	7
5/14	丙寅	4/13	乙未	3/12	乙丑	2/11	甲午	1/12	丙寅	12/11	乙未	8
5/15	丁卯	4/14	丙申	3/13	丙寅	2/12	乙未	1/13	丁卯	12/12	丙申	9
5/16	戊辰	4/15	丁酉	3/14	丁卯	2/13	丙申	1/14	戊辰	12/13	丁酉	10
5/17	己巳	4/16	戊戌	3/15	戊辰	2/14	丁酉	1/15	己巳	12/14	戊戌	11
5/18	庚午	4/17	己亥	3/16	己巳	2/15	戊戌	1/16	庚午	12/15	己亥	12
5/19	辛未	4/18	庚子	3/17	庚午	2/16	己亥	1/17	辛未	12/16	庚子	13
5/20	壬申	4/19	辛丑	3/18	辛未	2/17	庚子	1/18	壬申	12/17	辛丑	14
5/21	癸酉	4/20	壬寅	3/19	壬申	2/18	辛丑	1/19	癸酉	12/18	壬寅	15
5/22	甲戌	4/21	癸卯	3/20	癸酉	2/19	壬寅	1/20	甲戌	12/19	癸卯	16
5/23	乙亥	4/22	甲辰	3/21	甲戌	2/20	癸卯	1/21	乙亥	12/20	甲辰	17
5/24	丙子	4/23	乙巳	3/22	乙亥	2/21	甲辰	1/22	丙子	12/21	乙巳	18
5/25	丁丑	4/24	丙午	3/23	丙子	2/22	乙巳	1/23	丁丑	12/22	丙午	19
5/26	戊寅	4/25	丁未	3/24	丁丑	2/23	丙午	1/24	戊寅	12/23	丁未	20
5/27	己卯	4/26	戊申	3/25	戊寅	2/24	丁未	1/25	己卯	12/24	戊申	21
5/28	庚辰	4/27	己酉	3/26	己卯	2/25	戊申	1/26	庚辰	12/25	己酉	22
5/29	辛巳	4/28	庚戌	3/27	庚辰	2/26	己酉	1/27	辛巳	12/26	庚戌	23
6/1	壬午	4/29	辛亥	3/28	辛巳	2/27	庚戌	1/28	壬午	12/27	辛亥	24
6/2	癸未	4/30	壬子	3/29	壬午	2/28	辛亥	1/29	癸未	12/28	壬子	25
6/3	甲申	5/1	癸丑	4/1	癸未	2/29	壬子	2/1	甲申	12/29	癸丑	26
6/4	乙酉	5/2	甲寅	4/2	甲申	2/30	癸丑	2/2	乙酉	12/30	甲寅	27
6/5	丙戌	5/3	乙卯	4/3	乙酉	3/1	甲寅	2/3	丙戌	1/1	乙卯	28
6/6	丁亥	5/4	丙辰	4/4	丙戌	3/2	乙卯			1/2	丙辰	29
6/7	戊子	5/5	丁巳	4/5	丁亥	3/3	丙辰			1/3	丁巳	30
		5/6	戊午			3/4	丁巳			1/4	戊午	31

二〇一七年 丁酉 一白

二元八運…「九運」

三元九運…「八運」

2016年 丙申(年)／庚子(月)

月	12月		11月		10月		9月		8月		7月	
月干支	壬子		辛亥		庚戌		己酉		戊申		丁未	
紫白	七赤		八白		九紫		一白		二黒		三碧	
節	22	7	22	7	23	8	23	7	23	7	23	7
気	1時28分 冬至	7時33分 大雪	12時5分 小雪	14時38分 立冬	14時27分 霜降	11時22分 寒露	5時2分 秋分	19時39分 白露	7時20分 処暑	16時40分 立秋	0時51分 大暑	6時51分 小暑
新暦	農暦	日干支	農暦	日干支	農暦	日干支	農暦	日干支	農暦	日干支	農暦	日干支
1	10/14	壬戌	9/13	壬辰	8/12	辛酉	7/11	辛卯	閏6/10	庚申	6/8	己丑
2	10/15	癸亥	9/14	癸巳	8/13	壬戌	7/12	壬辰	閏6/11	辛酉	6/9	庚寅
3	10/16	甲子	9/15	甲午	8/14	癸亥	7/13	癸巳	閏6/12	壬戌	6/10	辛卯
4	10/17	乙丑	9/16	乙未	8/15	甲子	7/14	甲午	閏6/13	癸亥	6/11	壬辰
5	10/18	丙寅	9/17	丙申	8/16	乙丑	7/15	乙未	閏6/14	甲子	6/12	癸巳
6	10/19	丁卯	9/18	丁酉	8/17	丙寅	7/16	丙申	閏6/15	乙丑	6/13	甲午
7	10/20	戊辰	9/19	戊戌	8/18	丁卯	7/17	丁酉	閏6/16	丙寅	6/14	乙未
8	10/21	己巳	9/20	己亥	8/19	戊辰	7/18	戊戌	閏6/17	丁卯	6/15	丙申
9	10/22	庚午	9/21	庚子	8/20	己巳	7/19	己亥	閏6/18	戊辰	6/16	丁酉
10	10/23	辛未	9/22	辛丑	8/21	庚午	7/20	庚子	閏6/19	己巳	6/17	戊戌
11	10/24	壬申	9/23	壬寅	8/22	辛未	7/21	辛丑	閏6/20	庚午	6/18	己亥
12	10/25	癸酉	9/24	癸卯	8/23	壬申	7/22	壬寅	閏6/21	辛未	6/19	庚子
13	10/26	甲戌	9/25	甲辰	8/24	癸酉	7/23	癸卯	閏6/22	壬申	6/20	辛丑
14	10/27	乙亥	9/26	乙巳	8/25	甲戌	7/24	甲辰	閏6/23	癸酉	6/21	壬寅
15	10/28	丙子	9/27	丙午	8/26	乙亥	7/25	乙巳	閏6/24	甲戌	6/22	癸卯
16	10/29	丁丑	9/28	丁未	8/27	丙子	7/26	丙午	閏6/25	乙亥	6/23	甲辰
17	10/30	戊寅	9/29	戊申	8/28	丁丑	7/27	丁未	閏6/26	丙子	6/24	乙巳
18	11/1	己卯	9/1	己酉	8/29	戊寅	7/28	戊申	閏6/27	丁丑	6/25	丙午
19	11/2	庚辰	10/2	庚戌	8/30	己卯	7/29	己酉	閏6/28	戊寅	6/26	丁未
20	11/3	辛巳	10/3	辛亥	9/1	庚辰	8/1	庚戌	閏6/29	己卯	6/27	戊申
21	11/4	壬午	10/4	壬子	9/2	辛巳	8/2	辛亥	閏6/30	庚辰	6/28	己酉
22	11/5	癸未	10/5	癸丑	9/3	壬午	8/3	壬子	7/1	辛巳	6/29	庚戌
23	11/6	甲申	10/6	甲寅	9/4	癸未	8/4	癸丑	7/2	壬午	閏6/1	辛亥
24	11/7	乙酉	10/7	乙卯	9/5	甲申	8/5	甲寅	7/3	癸未	閏6/2	壬子
25	11/8	丙戌	10/8	丙辰	9/6	乙酉	8/6	乙卯	7/4	甲申	閏6/3	癸丑
26	11/9	丁亥	10/9	丁巳	9/7	丙戌	8/7	丙辰	7/5	乙酉	閏6/4	甲寅
27	11/10	戊子	10/10	戊午	9/8	丁亥	8/8	丁巳	7/6	丙戌	閏6/5	乙卯
28	11/11	己丑	10/11	己未	9/9	戊子	8/9	戊午	7/7	丁亥	閏6/6	丙辰
29	11/12	庚寅	10/12	庚申	9/10	己丑	8/10	己未	7/8	戊子	閏6/7	丁巳
30	11/13	辛卯	10/13	辛酉	9/11	庚寅	8/11	庚申	7/9	己丑	閏6/8	戊午
31	11/14	壬辰			9/12	辛卯			7/10	庚寅	閏6/9	己未

二〇一八年 戊戌 九紫

二元八運…「九運」 三元九運…「八運」

6月		5月		4月		3月		2月		1月		月
戊午		丁巳		丙辰		乙卯		甲寅		癸丑 丁酉(年)		月干支
一白		二黒		三碧		四緑		五黄		六白		紫白
21	6	21	5	20	5	21	6	19	4	20	5	節
19時7分 夏至	2時29分 芒種	11時15分 小満	22時25分 立夏	12時12分 穀雨	5時13分 清明	1時15分 春分	0時28分 啓蟄	2時18分 雨水	6時28分 立春	12時9分 大寒	18時49分 小寒	気
農暦	日干支	農暦	日干支	農暦	日干支	農暦	日干支	農暦	日干支	農暦	日干支	新暦
4/18	甲子	3/16	癸巳	2/16	癸亥	1/14	壬辰	12/16	甲子	11/15	癸巳	1
4/19	乙丑	3/17	甲午	2/17	甲子	1/15	癸巳	12/17	乙丑	11/16	甲午	2
4/20	丙寅	3/18	乙未	2/18	乙丑	1/16	甲午	12/18	丙寅	11/17	乙未	3
4/21	丁卯	3/19	丙申	2/19	丙寅	1/17	乙未	12/19	丁卯	11/18	丙申	4
4/22	戊辰	3/20	丁酉	2/20	丁卯	1/18	丙申	12/20	戊辰	11/19	丁酉	5
4/23	己巳	3/21	戊戌	2/21	戊辰	1/19	丁酉	12/21	己巳	11/20	戊戌	6
4/24	庚午	3/22	己亥	2/22	己巳	1/20	戊戌	12/22	庚午	11/21	己亥	7
4/25	辛未	3/23	庚子	2/23	庚午	1/21	己亥	12/23	辛未	11/22	庚子	8
4/26	壬申	3/24	辛丑	2/24	辛未	1/22	庚子	12/24	壬申	11/23	辛丑	9
4/27	癸酉	3/25	壬寅	2/25	壬申	1/23	辛丑	12/25	癸酉	11/24	壬寅	10
4/28	甲戌	3/26	癸卯	2/26	癸酉	1/24	壬寅	12/26	甲戌	11/25	癸卯	11
4/29	乙亥	3/27	甲辰	2/27	甲戌	1/25	癸卯	12/27	乙亥	11/26	甲辰	12
4/30	丙子	3/28	乙巳	2/28	乙亥	1/26	甲辰	12/28	丙子	11/27	乙巳	13
5/1	丁丑	3/29	丙午	2/29	丙子	1/27	乙巳	12/29	丁丑	11/28	丙午	14
5/2	戊寅	4/1	丁未	2/30	丁丑	1/28	丙午	12/30	戊寅	11/29	丁未	15
5/3	己卯	4/2	戊申	3/1	戊寅	1/29	丁未	1/1	己卯	11/30	戊申	16
5/4	庚辰	4/3	己酉	3/2	己卯	2/1	戊申	1/2	庚辰	12/1	己酉	17
5/5	辛巳	4/4	庚戌	3/3	庚辰	2/2	己酉	1/3	辛巳	12/2	庚戌	18
5/6	壬午	4/5	辛亥	3/4	辛巳	2/3	庚戌	1/4	壬午	12/3	辛亥	19
5/7	癸未	4/6	壬子	3/5	壬午	2/4	辛亥	1/5	癸未	12/4	壬子	20
5/8	甲申	4/7	癸丑	3/6	癸未	2/5	壬子	1/6	甲申	12/5	癸丑	21
5/9	乙酉	4/8	甲寅	3/7	甲申	2/6	癸丑	1/7	乙酉	12/6	甲寅	22
5/10	丙戌	4/9	乙卯	3/8	乙酉	2/7	甲寅	1/8	丙戌	12/7	乙卯	23
5/11	丁亥	4/10	丙辰	3/9	丙戌	2/8	乙卯	1/9	丁亥	12/8	丙辰	24
5/12	戊子	4/11	丁巳	3/10	丁亥	2/9	丙辰	1/10	戊子	12/9	丁巳	25
5/13	己丑	4/12	戊午	3/11	戊子	2/10	丁巳	1/11	己丑	12/10	戊午	26
5/14	庚寅	4/13	己未	3/12	己丑	2/11	戊午	1/12	庚寅	12/11	己未	27
5/15	辛卯	4/14	庚申	3/13	庚寅	2/12	己未	1/13	辛卯	12/12	庚申	28
5/16	壬辰	4/15	辛酉	3/14	辛卯	2/13	庚申			12/13	辛酉	29
5/17	癸巳	4/16	壬戌	3/15	壬辰	2/14	辛酉			12/14	壬戌	30
		4/17	癸亥			2/15	壬戌			12/15	癸亥	31

2017年 丁酉(年)／壬子(月)

月	12月		11月		10月		9月		8月		7月	
月干支	甲子		癸亥		壬戌		辛酉		庚申		己未	
紫白	四緑		五黄		六白		七赤		八白		九紫	
節	22	7	22	7	23	8	23	8	23	7	23	7
気	7時23分 冬至	13時26分 大雪	18時1分 小雪	20時32分 立冬	20時22分 霜降	17時15分 寒露	10時54分 秋分	1時30分 白露	13時8分 処暑	22時31分 立秋	6時0分 大暑	12時42分 小暑
新暦	農暦	日干支	農暦	日干支	農暦	日干支	農暦	日干支	農暦	日干支	農暦	日干支
1	10/24	丁卯	9/24	丁酉	8/22	丙寅	7/22	丙申	6/20	乙丑	5/18	甲午
2	10/25	戊辰	9/25	戊戌	8/23	丁卯	7/23	丁酉	6/21	丙寅	5/19	乙未
3	10/26	己巳	9/26	己亥	8/24	戊辰	7/24	戊戌	6/22	丁卯	5/20	丙申
4	10/27	庚午	9/27	庚子	8/25	己巳	7/25	己亥	6/23	戊辰	5/21	丁酉
5	10/28	辛未	9/28	辛丑	8/26	庚午	7/26	庚子	6/24	己巳	5/22	戊戌
6	10/29	壬申	9/29	壬寅	8/27	辛未	7/27	辛丑	6/25	庚午	5/23	己亥
7	11/1	癸酉	9/30	癸卯	8/28	壬申	7/28	壬寅	6/26	辛未	5/24	庚子
8	11/2	甲戌	10/1	甲辰	8/29	癸酉	7/29	癸卯	6/27	壬申	5/25	辛丑
9	11/3	乙亥	10/2	乙巳	9/1	甲戌	7/30	甲辰	6/28	癸酉	5/26	壬寅
10	11/4	丙子	10/3	丙午	9/2	乙亥	8/1	乙巳	6/29	甲戌	5/27	癸卯
11	11/5	丁丑	10/4	丁未	9/3	丙子	8/2	丙午	7/1	乙亥	5/28	甲辰
12	11/6	戊寅	10/5	戊申	9/4	丁丑	8/3	丁未	7/2	丙子	5/29	乙巳
13	11/7	己卯	10/6	己酉	9/5	戊寅	8/4	戊申	7/3	丁丑	6/1	丙午
14	11/8	庚辰	10/7	庚戌	9/6	己卯	8/5	己酉	7/4	戊寅	6/2	丁未
15	11/9	辛巳	10/8	辛亥	9/7	庚辰	8/6	庚戌	7/5	己卯	6/3	戊申
16	11/10	壬午	10/9	壬子	9/8	辛巳	8/7	辛亥	7/6	庚辰	6/4	己酉
17	11/11	癸未	10/10	癸丑	9/9	壬午	8/8	壬子	7/7	辛巳	6/5	庚戌
18	11/12	甲申	10/11	甲寅	9/10	癸未	8/9	癸丑	7/8	壬午	6/6	辛亥
19	11/13	乙酉	10/12	乙卯	9/11	甲申	8/10	甲寅	7/9	癸未	6/7	壬子
20	11/14	丙戌	10/13	丙辰	9/12	乙酉	8/11	乙卯	7/10	甲申	6/8	癸丑
21	11/15	丁亥	10/14	丁巳	9/13	丙戌	8/12	丙辰	7/11	乙酉	6/9	甲寅
22	11/16	戊子	10/15	戊午	9/14	丁亥	8/13	丁巳	7/12	丙戌	6/10	乙卯
23	11/17	己丑	10/16	己未	9/15	戊子	8/14	戊午	7/13	丁亥	6/11	丙辰
24	11/18	庚寅	10/17	庚申	9/16	己丑	8/15	己未	7/14	戊子	6/12	丁巳
25	11/19	辛卯	10/18	辛酉	9/17	庚寅	8/16	庚申	7/15	己丑	6/13	戊午
26	11/20	壬辰	10/19	壬戌	9/18	辛卯	8/17	辛酉	7/16	庚寅	6/14	己未
27	11/21	癸巳	10/20	癸亥	9/19	壬辰	8/18	壬戌	7/17	辛卯	6/15	庚申
28	11/22	甲午	10/21	甲子	9/20	癸巳	8/19	癸亥	7/18	壬辰	6/16	辛酉
29	11/23	乙未	10/22	乙丑	9/21	甲午	8/20	甲子	7/19	癸巳	6/17	壬戌
30	11/24	丙申	10/23	丙寅	9/22	乙未	8/21	乙丑	7/20	甲午	6/18	癸亥
31	11/25	丁酉			9/23	丙申			7/21	乙未	6/19	甲子

二〇一九年　己亥　八白

二元八運…「九運」　三元九運…「八運」

6月		5月		4月		3月		2月		1月		月
庚午		己巳		戊辰		丁卯		丙寅		乙丑 戊戌(年)		月干支
七赤		八白		九紫		一白		二黒		三碧		紫白
22	6	21	6	20	5	21	6	19	4	20	6	節
0時54分 夏至	8時6分 芒種	16時59分 小満	4時3分 立夏	17時55分 穀雨	10時51分 清明	6時58分 春分	6時10分 啓蟄	8時4分 雨水	12時14分 立春	17時59分 大寒	0時39分 小寒	気
農暦	日干支	農暦	日干支	農暦	日干支	農暦	日干支	農暦	日干支	農暦	日干支	新暦
4/28	己巳	3/27	戊戌	2/26	戊辰	1/25	丁酉	12/27	己巳	11/26	戊戌	1
4/29	庚午	3/28	己亥	2/27	己巳	1/26	戊戌	12/28	庚午	11/27	己亥	2
5/1	辛未	3/29	庚子	2/28	庚午	1/27	己亥	12/29	辛未	11/28	庚子	3
5/2	壬申	3/30	辛丑	2/29	辛未	1/28	庚子	12/30	壬申	11/29	辛丑	4
5/3	癸酉	4/1	壬寅	3/1	壬申	1/29	辛丑	1/1	癸酉	11/30	壬寅	5
5/4	甲戌	4/2	癸卯	3/2	癸酉	1/30	壬寅	1/2	甲戌	12/1	癸卯	6
5/5	乙亥	4/3	甲辰	3/3	甲戌	2/1	癸卯	1/3	乙亥	12/2	甲辰	7
5/6	丙子	4/4	乙巳	3/4	乙亥	2/2	甲辰	1/4	丙子	12/3	乙巳	8
5/7	丁丑	4/5	丙午	3/5	丙子	2/3	乙巳	1/5	丁丑	12/4	丙午	9
5/8	戊寅	4/6	丁未	3/6	丁丑	2/4	丙午	1/6	戊寅	12/5	丁未	10
5/9	己卯	4/7	戊申	3/7	戊寅	2/5	丁未	1/7	己卯	12/6	戊申	11
5/10	庚辰	4/8	己酉	3/8	己卯	2/6	戊申	1/8	庚辰	12/7	己酉	12
5/11	辛巳	4/9	庚戌	3/9	庚辰	2/7	己酉	1/9	辛巳	12/8	庚戌	13
5/12	壬午	4/10	辛亥	3/10	辛巳	2/8	庚戌	1/10	壬午	12/9	辛亥	14
5/13	癸未	4/11	壬子	3/11	壬午	2/9	辛亥	1/11	癸未	12/10	壬子	15
5/14	甲申	4/12	癸丑	3/12	癸未	2/10	壬子	1/12	甲申	12/11	癸丑	16
5/15	乙酉	4/13	甲寅	3/13	甲申	2/11	癸丑	1/13	乙酉	12/12	甲寅	17
5/16	丙戌	4/14	乙卯	3/14	乙酉	2/12	甲寅	1/14	丙戌	12/13	乙卯	18
5/17	丁亥	4/15	丙辰	3/15	丙戌	2/13	乙卯	1/15	丁亥	12/14	丙辰	19
5/18	戊子	4/16	丁巳	3/16	丁亥	2/14	丙辰	1/16	戊子	12/15	丁巳	20
5/19	己丑	4/17	戊午	3/17	戊子	2/15	丁巳	1/17	己丑	12/16	戊午	21
5/20	庚寅	4/18	己未	3/18	己丑	2/16	戊午	1/18	庚寅	12/17	己未	22
5/21	辛卯	4/19	庚申	3/19	庚寅	2/17	己未	1/19	辛卯	12/18	庚申	23
5/22	壬辰	4/20	辛酉	3/20	辛卯	2/18	庚申	1/20	壬辰	12/19	辛酉	24
5/23	癸巳	4/21	壬戌	3/21	壬辰	2/19	辛酉	1/21	癸巳	12/20	壬戌	25
5/24	甲午	4/22	癸亥	3/22	癸巳	2/20	壬戌	1/22	甲午	12/21	癸亥	26
5/25	乙未	4/23	甲子	3/23	甲午	2/21	癸亥	1/23	乙未	12/22	甲子	27
5/26	丙申	4/24	乙丑	3/24	乙未	2/22	甲子	1/24	丙申	12/23	乙丑	28
5/27	丁酉	4/25	丙寅	3/25	丙申	2/23	乙丑			12/24	丙寅	29
5/28	戊戌	4/26	丁卯	3/26	丁酉	2/24	丙寅			12/25	丁卯	30
		4/27	戊辰			2/25	丁卯			12/26	戊辰	31

2018年　戊戌(年)／甲子(月)

月	12月		11月		10月		9月		8月		7月	
月干支	丙子		乙亥		甲戌		癸酉		壬申		辛未	
紫白	一白		二黒		三碧		四緑		五黄		六白	
節	22	7	22	8	24	8	23	8	23	8	23	7
気	13時19分 冬至	19時18分 大雪	23時59分 小雪	2時24分 立冬	2時20分 霜降	23時6分 寒露	16時50分 秋分	7時17分 白露	19時2分 処暑	4時13分 立秋	11時50分 大暑	18時20分 小暑
新暦	農暦	日干支	農暦	日干支	農暦	日干支	農暦	日干支	農暦	日干支	農暦	日干支
1	11/6	壬申	10/5	壬寅	9/3	辛未	8/2	辛丑	7/1	庚午	5/29	己亥
2	11/7	癸酉	10/6	癸卯	9/4	壬申	8/3	壬寅	7/2	辛未	5/30	庚子
3	11/8	甲戌	10/7	甲辰	9/5	癸酉	8/4	癸卯	7/3	壬申	6/1	辛丑
4	11/9	乙亥	10/8	乙巳	9/6	甲戌	8/5	甲辰	7/4	癸酉	6/2	壬寅
5	11/10	丙子	10/9	丙午	9/7	乙亥	8/6	乙巳	7/5	甲戌	6/3	癸卯
6	11/11	丁丑	10/10	丁未	9/8	丙子	8/7	丙午	7/6	乙亥	6/4	甲辰
7	11/12	戊寅	10/11	戊申	9/9	丁丑	8/8	丁未	7/7	丙子	6/5	乙巳
8	11/13	己卯	10/12	己酉	9/10	戊寅	8/9	戊申	7/8	丁丑	6/6	丙午
9	11/14	庚辰	10/13	庚戌	9/11	己卯	8/10	己酉	7/9	戊寅	6/7	丁未
10	11/15	辛巳	10/14	辛亥	9/12	庚辰	8/11	庚戌	7/10	己卯	6/8	戊申
11	11/16	壬午	10/15	壬子	9/13	辛巳	8/12	辛亥	7/11	庚辰	6/9	己酉
12	11/17	癸未	10/16	癸丑	9/14	壬午	8/13	壬子	7/12	辛巳	6/10	庚戌
13	11/18	甲申	10/17	甲寅	9/15	癸未	8/14	癸丑	7/13	壬午	6/11	辛亥
14	11/19	乙酉	10/18	乙卯	9/16	甲申	8/15	甲寅	7/14	癸未	6/12	壬子
15	11/20	丙戌	10/19	丙辰	9/17	乙酉	8/16	乙卯	7/15	甲申	6/13	癸丑
16	11/21	丁亥	10/20	丁巳	9/18	丙戌	8/17	丙辰	7/16	乙酉	6/14	甲寅
17	11/22	戊子	10/21	戊午	9/19	丁亥	8/18	丁巳	7/17	丙戌	6/15	乙卯
18	11/23	己丑	10/22	己未	9/20	戊子	8/19	戊午	7/18	丁亥	6/16	丙辰
19	11/24	庚寅	10/23	庚申	9/21	己丑	8/20	己未	7/19	戊子	6/17	丁巳
20	11/25	辛卯	10/24	辛酉	9/22	庚寅	8/21	庚申	7/20	己丑	6/18	戊午
21	11/26	壬辰	10/25	壬戌	9/23	辛卯	8/22	辛酉	7/21	庚寅	6/19	己未
22	11/27	癸巳	10/26	癸亥	9/24	壬辰	8/23	壬戌	7/22	辛卯	6/20	庚申
23	11/28	甲午	10/27	甲子	9/25	癸巳	8/24	癸亥	7/23	壬辰	6/21	辛酉
24	11/29	乙未	10/28	乙丑	9/26	甲午	8/25	甲子	7/24	癸巳	6/22	壬戌
25	11/30	丙申	10/29	丙寅	9/27	乙未	8/26	乙丑	7/25	甲午	6/23	癸亥
26	12/1	丁酉	11/1	丁卯	9/28	丙申	8/27	丙寅	7/26	乙未	6/24	甲子
27	12/2	戊戌	11/2	戊辰	9/29	丁酉	8/28	丁卯	7/27	丙申	6/25	乙丑
28	12/3	己亥	11/3	己巳	10/1	戊戌	8/29	戊辰	7/28	丁酉	6/26	丙寅
29	12/4	庚子	11/4	庚午	10/2	己亥	9/1	己巳	7/29	戊戌	6/27	丁卯
30	12/5	辛丑	11/5	辛未	10/3	庚子	9/2	庚午	7/30	己亥	6/28	戊辰
31	12/6	壬寅			10/4	辛丑			8/1	庚子	6/29	己巳

二〇二〇年 庚子 七赤

二元八運…「九運」

三元九運…「八運」

6月		5月		4月		3月		2月		1月		月
壬午		辛巳		庚辰		己卯		戊寅		丁丑 己亥(年)		月干支
四緑		五黄		六白		七赤		八白		九紫		紫白
21	5	20	5	19	4	20	5	19	4	20	6	節
6時44分 夏至	13時58分 芒種	22時49分 小満	9時51分 立夏	23時45分 穀雨	16時38分 清明	12時49分 春分	11時57分 啓蟄	13時57分 雨水	18時3分 立春	22時55分 大寒	6時30分 小寒	気
農暦	日干支	農暦	日干支	農暦	日干支	農暦	日干支	農暦	日干支	農暦	日干支	新暦
閏4/10	乙亥	4/9	甲辰	3/9	甲戌	2/8	癸卯	1/8	甲戌	12/7	癸卯	1
閏4/11	丙子	4/10	乙巳	3/10	乙亥	2/9	甲辰	1/9	乙亥	12/8	甲辰	2
閏4/12	丁丑	4/11	丙午	3/11	丙子	2/10	乙巳	1/10	丙子	12/9	乙巳	3
閏4/13	戊寅	4/12	丁未	3/12	丁丑	2/11	丙午	1/11	丁丑	12/10	丙午	4
閏4/14	己卯	4/13	戊申	3/13	戊寅	2/12	丁未	1/12	戊寅	12/11	丁未	5
閏4/15	庚辰	4/14	己酉	3/14	己卯	2/13	戊申	1/13	己卯	12/12	戊申	6
閏4/16	辛巳	4/15	庚戌	3/15	庚辰	2/14	己酉	1/14	庚辰	12/13	己酉	7
閏4/17	壬午	4/16	辛亥	3/16	辛巳	2/15	庚戌	1/15	辛巳	12/14	庚戌	8
閏4/18	癸未	4/17	壬子	3/17	壬午	2/16	辛亥	1/16	壬午	12/15	辛亥	9
閏4/19	甲申	4/18	癸丑	3/18	癸未	2/17	壬子	1/17	癸未	12/16	壬子	10
閏4/20	乙酉	4/19	甲寅	3/19	甲申	2/18	癸丑	1/18	甲申	12/17	癸丑	11
閏4/21	丙戌	4/20	乙卯	3/20	乙酉	2/19	甲寅	1/19	乙酉	12/18	甲寅	12
閏4/22	丁亥	4/21	丙辰	3/21	丙戌	2/20	乙卯	1/20	丙戌	12/19	乙卯	13
閏4/23	戊子	4/22	丁巳	3/22	丁亥	2/21	丙辰	1/21	丁亥	12/20	丙辰	14
閏4/24	己丑	4/23	戊午	3/23	戊子	2/22	丁巳	1/22	戊子	12/21	丁巳	15
閏4/25	庚寅	4/24	己未	3/24	己丑	2/23	戊午	1/23	己丑	12/22	戊午	16
閏4/26	辛卯	4/25	庚申	3/25	庚寅	2/24	己未	1/24	庚寅	12/23	己未	17
閏4/27	壬辰	4/26	辛酉	3/26	辛卯	2/25	庚申	1/25	辛卯	12/24	庚申	18
閏4/28	癸巳	4/27	壬戌	3/27	壬辰	2/26	辛酉	1/26	壬辰	12/25	辛酉	19
閏4/29	甲午	4/28	癸亥	3/28	癸巳	2/27	壬戌	1/27	癸巳	12/26	壬戌	20
5/1	乙未	4/29	甲子	3/29	甲午	2/28	癸亥	1/28	甲午	12/27	癸亥	21
5/2	丙申	4/30	乙丑	3/30	乙未	2/29	甲子	1/29	乙未	12/28	甲子	22
5/3	丁酉	閏4/1	丙寅	4/1	丙申	2/30	乙丑	2/1	丙申	12/29	乙丑	23
5/4	戊戌	閏4/2	丁卯	4/2	丁酉	3/1	丙寅	2/2	丁酉	12/30	丙寅	24
5/5	己亥	閏4/3	戊辰	4/3	戊戌	3/2	丁卯	2/3	戊戌	1/1	丁卯	25
5/6	庚子	閏4/4	己巳	4/4	己亥	3/3	戊辰	2/4	己亥	1/2	戊辰	26
5/7	辛丑	閏4/5	庚午	4/5	庚子	3/4	己巳	2/5	庚子	1/3	己巳	27
5/8	壬寅	閏4/6	辛未	4/6	辛丑	3/5	庚午	2/6	辛丑	1/4	庚午	28
5/9	癸卯	閏4/7	壬申	4/7	壬寅	3/6	辛未	2/7	壬寅	1/5	辛未	29
5/10	甲辰	閏4/8	癸酉	4/8	癸卯	3/7	壬申			1/6	壬申	30
		閏4/9	甲戌			3/8	癸酉			1/7	癸酉	31

2019年　己亥(年)／丙子(月)

月	12月		11月		10月		9月		8月		7月	
月干支	戊子		丁亥		丙戌		乙酉		甲申		癸未	
紫白	七赤		八白		九紫		一白		二黒		三碧	
節	21	7	22	7	23	8	22	7	23	7	22	7
気	19時2分 冬至	1時9分 大雪	5時40分 小雪	8時14分 立冬	7時59分 霜降	4時55分 寒露	22時31分 秋分	13時8分 白露	0時45分 処暑	10時6分 立秋	17時37分 大暑	0時14分 小暑
新暦	農暦	日干支	農暦	日干支	農暦	日干支	農暦	日干支	農暦	日干支	農暦	日干支
1	10/17	戊 寅	9/16	戊 申	8/15	丁 丑	7/14	丁 未	6/12	丙 子	5/11	乙 巳
2	10/18	己 卯	9/17	己 酉	8/16	戊 寅	7/15	戊 申	6/13	丁 丑	5/12	丙 午
3	10/19	庚 辰	9/18	庚 戌	8/17	己 卯	7/16	己 酉	6/14	戊 寅	5/13	丁 未
4	10/20	辛 巳	9/19	辛 亥	8/18	庚 辰	7/17	庚 戌	6/15	己 卯	5/14	戊 申
5	10/21	壬 午	9/20	壬 子	8/19	辛 巳	7/18	辛 亥	6/16	庚 辰	5/15	己 酉
6	10/22	癸 未	9/21	癸 丑	8/20	壬 午	7/19	壬 子	6/17	辛 巳	5/16	庚 戌
7	10/23	甲 申	9/22	甲 寅	8/21	癸 未	7/20	癸 丑	6/18	壬 午	5/17	辛 亥
8	10/24	乙 酉	9/23	乙 卯	8/22	甲 申	7/21	甲 寅	6/19	癸 未	5/18	壬 子
9	10/25	丙 戌	9/24	丙 辰	8/23	乙 酉	7/22	乙 卯	6/20	甲 申	5/19	癸 丑
10	10/26	丁 亥	9/25	丁 巳	8/24	丙 戌	7/23	丙 辰	6/21	乙 酉	5/20	甲 寅
11	10/27	戊 子	9/26	戊 午	8/25	丁 亥	7/24	丁 巳	6/22	丙 戌	5/21	乙 卯
12	10/28	己 丑	9/27	己 未	8/26	戊 子	7/25	戊 午	6/23	丁 亥	5/22	丙 辰
13	10/29	庚 寅	9/28	庚 申	8/27	己 丑	7/26	己 未	6/24	戊 子	5/23	丁 巳
14	11/30	辛 卯	9/29	辛 酉	8/28	庚 寅	7/27	庚 申	6/25	己 丑	5/24	戊 午
15	11/1	壬 辰	10/1	壬 戌	8/29	辛 卯	7/28	辛 酉	6/26	庚 寅	5/25	己 未
16	11/2	癸 巳	10/2	癸 亥	8/30	壬 辰	7/29	壬 戌	6/27	辛 卯	5/26	庚 申
17	11/3	甲 午	10/3	甲 子	9/1	癸 巳	8/1	癸 亥	6/28	壬 辰	5/27	辛 酉
18	11/4	乙 未	10/4	乙 丑	9/2	甲 午	8/2	甲 子	6/29	癸 巳	5/28	壬 戌
19	11/5	丙 申	10/5	丙 寅	9/3	乙 未	8/3	乙 丑	7/1	甲 午	5/29	癸 亥
20	11/6	丁 酉	10/6	丁 卯	9/4	丙 申	8/4	丙 寅	7/2	乙 未	5/30	甲 子
21	11/7	戊 戌	10/7	戊 辰	9/5	丁 酉	8/5	丁 卯	7/3	丙 申	6/1	乙 丑
22	11/8	己 亥	10/8	己 巳	9/6	戊 戌	8/6	戊 辰	7/4	丁 酉	6/2	丙 寅
23	11/9	庚 子	10/9	庚 午	9/7	己 亥	8/7	己 巳	7/5	戊 戌	6/3	丁 卯
24	11/10	辛 丑	10/10	辛 未	9/8	庚 子	8/8	庚 午	7/6	己 亥	6/4	戊 辰
25	11/11	壬 寅	10/11	壬 申	9/9	辛 丑	8/9	辛 未	7/7	庚 子	6/5	己 巳
26	11/12	癸 卯	10/12	癸 酉	9/10	壬 寅	8/10	壬 申	7/8	辛 丑	6/6	庚 午
27	11/13	甲 辰	10/13	甲 戌	9/11	癸 卯	8/11	癸 酉	7/9	壬 寅	6/7	辛 未
28	11/14	乙 巳	10/14	乙 亥	9/12	甲 辰	8/12	甲 戌	7/10	癸 卯	6/8	壬 申
29	11/15	丙 午	10/15	丙 子	9/13	乙 巳	8/13	乙 亥	7/11	甲 辰	6/9	癸 酉
30	11/16	丁 未	10/16	丁 丑	9/14	丙 午	8/14	丙 子	7/12	乙 巳	6/10	甲 戌
31	11/17	戊 申			9/15	丁 未			7/13	丙 午	6/11	乙 亥

あとがき

本書ではタイトルのとおり、易占と称されているが、日本では断易、五行易という呼び名のほうが、広く認知されているだろう。あえて易占と称したのは、日本の文化圏において時とともに解釈や技法に工夫を加えられていった体系と、一線を画する書という意味合いを強めたかったからである。

本書において展開される断易の方法とその技術は、まさしく実践家として世界でも屈指の占術レベルを誇る香港にあってもひときわ輝きを放っているレイモンド・ロー老師の実績に裏づけられた豊富な経験、老師が学んできた体系、そしてその系譜に連なるものだということを明確にしたかった。

翻訳に際しては、本書が完全独習可能な教材となることを主眼としたため、既存の断易に関する知識がまったくない入門者に対してやさしいつくりになるように、原書にはない図版の挿入及び詳細解説、専門単語には何度も平易な定義を投げ与えることにより、初心者にも十分に理解できるような本を目指した。完全定本と銘打たれているように、広く東洋の学問に関心のある人々に対して、その知的好奇心を満たせる内容ある一冊に仕上がったことに満足している一方で、本書は実践書、技術書という意味合いから、学術書としての体裁にはあまりこだわらなかったことに留意してほしい。

日本において何らかの形で断易を学んだ者たちは、本書による技法の切り口とそのわかりやすい説明、実用に耐えられる理論とその方法、実例の鮮やかさに目を疑うことだろう。とかく、複雑に解説されがちであり、その古典解釈も決して一様ではない卜易と呼ばれる分野において、五行、干支、六親（本書では五神）、日晨、月建などにより、組み立てられていく解釈をめぐり、その論に共通の決まりごとはなく、実にさまざまな学派が自らの正統性を主張してやむことがないのは、日本、韓国、香港、台湾など占術が盛んな地域にあって相違はないだろう。易とは、実にアジア圏を結ぶ一つの共通な関心ごとであり、貴重な伝統文化であるのだ。

そして、組み上げられた八卦と八卦をあわせて作られる六本の線より成り立つ六爻は、六十四卦と呼ばれ、その出来上がる易卦は六十四種類の範囲外にはない。しかし、占卜あるいは卜易と呼ばれる断易・五行易（本書では易占と呼ぶ）においての六本の線より成り立つ六爻である六十四卦の一つの易卦はあくまで記号類型上の表記であり、周王朝時代に成立したと伝えられる『周易』に表される六十四卦とは、まったく関係ないものであり、双方を重ね合わせ混同してはならない。

ちなみに、『周易』は『易経』と混同されやすいが、『周易』の原文に十翼と呼ばれる附文を加えたものが『易経』であり、本来の『周易』とは区別されなければならない。

そして、本書で扱う占いのために六爻を組み立て六十四卦

八卦の成り立ち

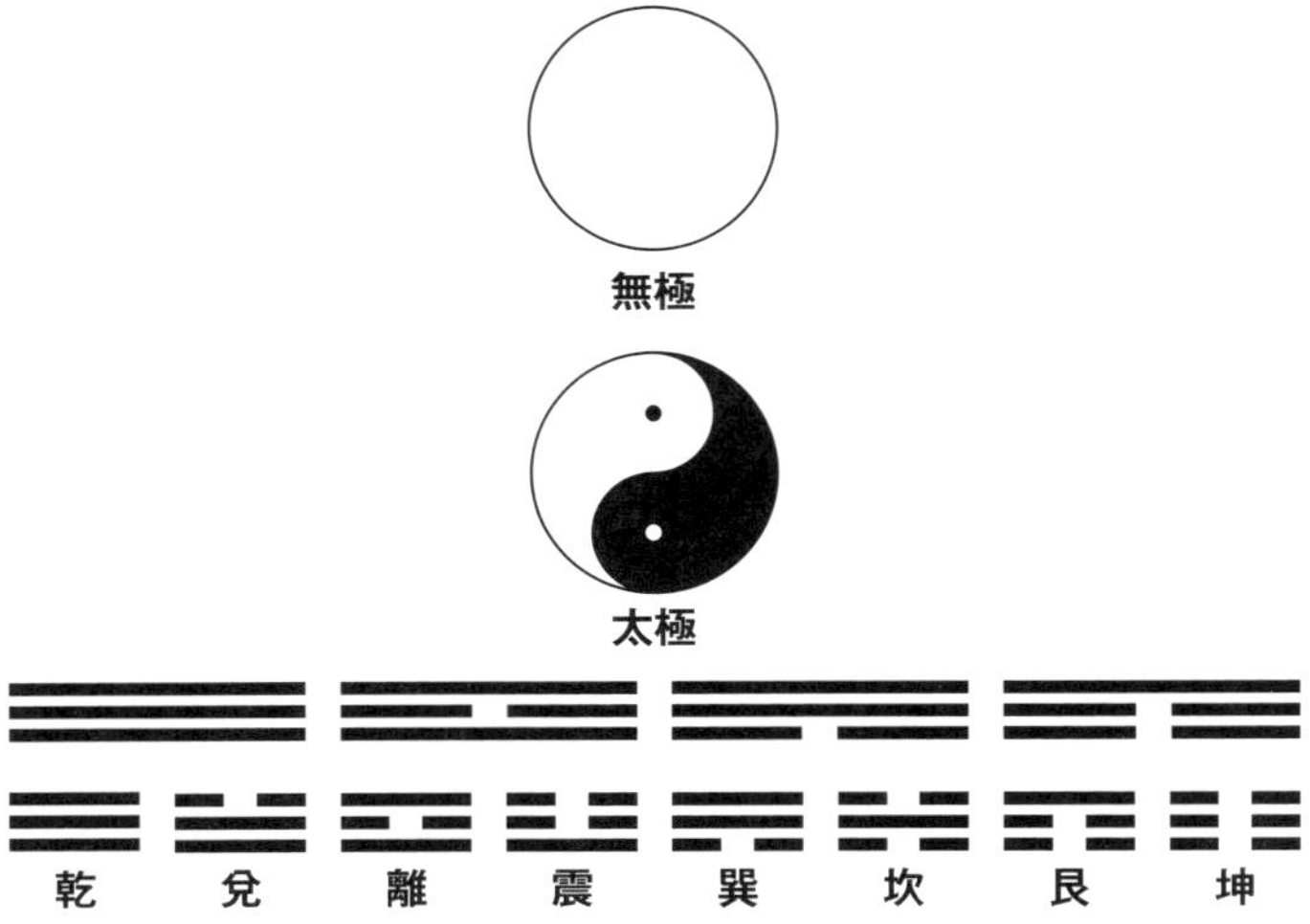

をつくる卜易と、『易経』のページをめくり六十四卦それぞれの解釈を行う方法とは、まったく異なることは前述したとおりである。

八卦と八卦の組み合わせによって得られる六爻、つまり六爻卦である六十四卦を記号類型上の表記として易占では用いていき、六十四卦それぞれの解釈を説く『易経』と合致させることはできないということをくどくど述べてきたが、そもそも、八卦が記号類型であることは、いろいろな考察から推し進めることができ、中華圏では八卦を計算機の母と呼びさえするのはなぜだろうか。ここで、代数、二進法を使って、八卦の成り立ちを考察してみたい。

八卦と代数

両儀である陽爻⚊をaとする。陰爻⚋をbとする。

ここで、a＋bを2乗すると、$(b+a)^2=b^2+2ba+a^2=b^2+ba+ab+a^2$ となる。

仮に左数字を下爻とすると、a^2 は⚌太陽、baは⚎少陽、abは⚍少陰、b^2 は⚏太陰となり、四象が生まれる。

そして、四象に両儀を掛け合わせると、$(b^2+ba+ab+a^2)\times(b+a)$ となり、結果は

$=b^3+b^2a+b^2a+ba^2+b^2a+ba^2+ba^2+a^3$ となる。

b^3 は☷坤、b^2a は☶艮、b^2a は☵坎、ba^2 は☴巽、b^2a は☳震、ba^2 は☲離、ba^2 は☱兌、a^3 は☰乾となり、八卦が表れる。

八卦と二進法

易卦が二進法の数字であると発見したのは、ライプニッツであり、宋易の円図、方図の並び方から解読し、

易卦に0から64までの数を当てはめたとされる。

しかし、ライプニッツは専門的な知識の欠如のためか、爻の変化を上爻から順番に行っている。通常、下爻（初爻）から上爻に向かって順番に変化させていくのが、卜易における慣わしであり、初爻から順に立卦する易の性格上合理的なのである。

今日では、コンピューターに用いられている二進法は、実数を二つの数字0・1を用いて表す記数法であり、0を陰爻⚋とし、1を陽爻⚊として表し、下爻から0、1、2乗し、合計数を表すと下記のようになる。これは各卦における爻の数と二進法の関係を表現している。

このように、易卦が記号としての意味を持ち、二進法を表すことが、計算機の母といわれるゆえんなのである。

また、一一世紀の儒学者であった邵雍は、『易経』の六十四卦の配列は対応する二進数（0から63）の順になっていて、それらを1→2→4→8→16→32→64と進展させる加一倍の法を考案していた。

⚋ $2^2\times0=0$
⚋ $2^1\times0=0$ } 0
⚋ $2^0\times0=0$

⚋ $2^2\times0=0$
⚋ $2^1\times0=0$ } 1
⚊ $2^0\times1=1$

⚋ $2^2\times0=0$
⚊ $2^1\times1=2$ } 2
⚋ $2^0\times0=0$

⚋ $2^2\times0=0$
⚊ $2^1\times1=2$ } 3
⚊ $2^0\times1=1$

⚊ $2^2\times1=4$
⚋ $2^1\times0=0$ } 4
⚋ $2^0\times0=0$

⚊ $2^2\times1=4$
⚋ $2^1\times0=0$ } 5
⚊ $2^0\times1=1$

⚊ $2^2\times1=4$
⚊ $2^1\times1=2$ } 6
⚋ $2^0\times0=0$

⚊ $2^2\times1=4$
⚊ $2^1\times1=2$ } 7
⚊ $2^0\times1=1$

	二進法
☷ 0	000
☳ 1	001
☵ 2	010
☱ 3	011
☶ 4	100
☲ 5	101
☴ 6	110
☰ 7	111

現代のデジタルコンピューターは通常は二進法を採用し、0と1のみによって数値を表現している。コンピューターの世界では、0と1、つまり2進数ですべてを表現するので、人間の世界で一般的に利用する10進数よりも、2進数や2の乗数である16進数で計算する。太古の知恵である易に現代のコンピューターに通じるほどのテクノロジーが隠されており、私たちがそれらの知恵の恩恵にあずかっている事実に、易の示唆する数学と、その象徴性や記号類型を感慨深く考えてしまう。

私たちは古代人の残した知識の中から、真の知恵として有用な部分を完全には汲み取っていないと痛感することが多い。

そういった意味において、漢代より悠久の歴史を経て、なお今日に姿かたちをとどめる易占の知恵から読者が無限大にも似た知恵を汲み取り、ひいては未来に対する洞察と現代に起きた立卦からどういった共時制を見出し得るかは読者次第だが、本書が大いにあなたの意識を未来に前進させる作用を持っていることを約束したい。

最後に、本書の翻訳にあたってたゆまぬ応援をしてくださり、原書にないケーススタディを一〇個も新たに付け加えてくださったレイモンド・ロー老師に感謝を評したい。

また、翻訳の草稿を進めたレイモンド・ロージャパン代表の島内大乾氏、原稿が前回に引き続き、また遅れての提出になってしまったが、文句一つ言わず短い時間で正確な校正と編集をしてくださった編集者の初鹿野剛氏に感謝いたします。ありがとうございました。

完全独習可能な断易本として、本書によってより多くの人々が未来に対しての洞察を深めて、自らの人生によりよい選択肢を与えてあげられることを祈って。

２０１０年３月８日

日本　東京渋谷区恵比寿宅　山道帰一

［著者］

盧　恆立（レイモンド・ロー）

レイモンド・ローは、2008年第5回国際風水会議にて、グランド・マスター（最高位のマスター）の称号を国際風水協会から授与。香港スタンダード紙のコラムに投稿しているだけでなく、英語や中国語でも十数冊の風水書を執筆し、世界中で読まれている。香港大学社会科学の学位を持ち、香港大学の教育学部にて講師を務めたこともある。香港の旅行局での風水の講義、ペニンシュラ・ホテルのペニンシュラ・アカデミーでのコンサルタント、SCMP.COMの年間の風水予測なども行っている。また、政治や経済のみならず、社会の出来事まで幅広く予測を発表し、過去にはゴルバチョフ政権の崩壊、サッチャー元首相の辞職などを予測したことでも、話題を呼ぶ。最近の予測として、1999年のロシアのエリツィン元大統領の辞職、2000年のナスダック急落、2001年のトム・クルーズとニコール・キッドマンの破局、1990年と2002年の湾岸戦争勃発、2003年のサダム・フセインの拘束、そして2004年の香港の経済回復、ブッシュ大統領の再選などが有名。北京オリンピック前のCNNのインタビューにおいて、選手たちのオリンピックでの成績予想は、90％以上の的中率を披露した。真実を探求する好奇心と熱意によって、クライアントや生徒は世界各国にまたがり、有名な専門コンサルタントとして、また教師としても世界中で知られている。

レイモンド・ロージャパン
http://raymond-lo.five-arts.com/

［監訳者］

山道　帰一（やまみち　きいつ）

五術に造詣の深い家元の家庭に生まれ、幼少の頃より五術を学ぶ。中国・台湾・韓国において仙道、風水のフィールドワークをし、香港を代表する風水師・盧恆立老師、台湾の国宝である五術家・鍾進添老師に拝師し、伝統文化を伝える複数の老師たちより学ぶ。株式会社Five Artsを通じて、アジアにおける正しい伝統文化のあり方を志向している。風水、養生学指導を通じて活動範囲は、大学機関・個人・法人に広がり、環境を配慮する建設業界や環境保護団体などから、高い評価を受けている。

［訳者］

島内　大乾（しまうち　たいけん）

明治大学農学部卒業。東京大学農学部修士課程中退後、ニューヨーク州立大学ビンガムトン校に入学、社会学部修士課程卒業。社会学部では、景観学、環境学を専攻し、風水の理論的根拠を追究し、ニューヨーク州立大学において論文を多数発表。帰国後、「環境と風水の調和」を模索し、レイモンド・ローの認可を得て、レイモンド・ロージャパン日本代表を務め、現在にいたる。

完全定本 易占大全

2010年 4月30日　初版発行
2016年 2月18日　新装版初版印刷
2016年 2月28日　新装版初版発行

著　者　盧　恆立
監訳者　山道帰一
訳　者　島内大乾
装　幀　木ノ下努(ALOHA DESIGN)

発行者　小野寺優
発行所　株式会社河出書房新社
東京都渋谷区千駄ヶ谷2-32-2
電話(03)3404-1201［営業］　(03)3404-8611［編集］
http://www.kawade.co.jp/
組　版　Office DIMMI
印　刷　株式会社亨有堂印刷所
製　本　小泉製本株式会社

ISBN978-4-309-27685-4
Printed in Japan